AF571349

Que devenons-nous après la mort ?

5-7, rue de l'École polytechnique
75 005 Paris
ISBN : 978-2-343-17933-9
EAN : 9782343179339

Asuka Ryôko

Que devenons-nous après la mort ?

Exégèse du bouddhisme traditionnel japonais

Yuishiki 30 ju ou *Le rien-que-conscience*
du moine indien, Vasubandhu (320-400)

Ôjôyôshu
du moine japonais Genshin (942-1017)

Nembutsu-zôshi
du moine japonais Suzuki Shôsan (1579-1703)

Cet ouvrage est le onzième volume des *Œuvres classiques du bouddhisme japonais*, revues, traduites et commentées par Asuka Ryôko.

AVANT-PROPOS

« Que devenons-nous après la mort ? », cette question est la plus grande énigme de l'humanité. Cependant des chercheurs modernes essayent de résoudre ce mystère. Ils sondent cette énigme à travers les expériences de mort imminente (EMI). Le docteur Moody, dans *Au-delà de la Lumière*, décrit l'expérience d'une femme qui a fait un arrêt cardiaque suite à une réaction allergique :

« Je me suis aperçue que mon esprit, sorti du corps, était en train de monter vers le plafond. J'ai vu nettement mes proches qui se trouvaient autour de mon lit et même mon corps couché sur une table d'opération. Des hommes et des femmes en blanc s'agitaient autour de moi et estimaient que mon état était désespéré. J'ai voulu leur faire savoir que tout allait bien pour moi, mais en vain. J'avais l'impression qu'ils se trouvaient derrière un écrin transparent et qu'ils ne m'entendaient pas. Puis, je me suis aperçue qu'il y avait une porte qui menait à un tunnel. À grande vitesse j'étais attirée dans ce tunnel obscur. J'en étais inquiète mais mon esprit était empreint d'une sensation exaltante. J'étais projetée à la vitesse de la lumière vers une intense luminescence à l'autre bout du tunnel. Une grande sensation de quiétude et un ressenti de grande affection s'infiltraient dans tout mon corps. Très rapidement j'ai vu les divers événements qui avaient jalonné ma vie, c'était comme la projection panoramique d'un film en accéléré. Il est difficile d'exprimer cette expérience avec des paroles. J'ai revu mes proches, certains morts depuis longtemps, se mouvoir souriants et baignant dans cette lumière, dont, entre autres, mon ami décédé quand j'étais encore étudiante à l'université, puis mon grand-père ainsi que ma tante. Tous semblaient fort heureux et rayonnants de bonheur. Je n'avais aucunement l'intention de revenir ici-bas. Mais un homme qui était dans la lumière m'a ordonné de revenir dans ce monde matériel… »

Prenons un autre exemple : une femme italienne tombée d'un escarpement dans le fond d'une vallée a raconté qu'à cet instant précis où elle touchait le sol en contrebas, elle a vécu une EMI :

« Soudain je suis tombée en glissant de l'escarpement. Durant cette chute j'avais la sensation que le temps passait vite, mes pensées se succédaient comme les images d'un film en accéléré. Pendant le temps de mon évanouissement j'ai vu un petit bébé de deux ans puis une fille de quatre ans nageant dans la mer. Je me reconnaissais dans ma vie d'enfant. Puis j'ai vu l'avenir se dessiner devant mes yeux. J'étais très triste, car j'ai su clairement que j'étais morte. Ensuite, petit à petit, je me suis couverte de lumière, j'ai su instinctivement que cette lumière était une frontière. Si je la franchissais, je ne pourrais pas revenir à la vie. Or, je voulais revenir à la vie, car je voulais encore goûter aux joies matérielles. J'ai commencé à prier. Soudain, tout devint noir, mais d'un noir différent duquel j'étais plongé durant ma chute. Puis j'ai senti mon corps revenir à la vie et j'ai commencé à le sentir. J'ai ouvert les yeux, j'ai vu le ciel bleu, ce qui m'a procuré une grande joie. Je réalisai alors que mon esprit venait de réintégrer mon corps. »

Le docteur Long a créé, en 1998, la Fondation de recherche sur les expériences de mort imminente. Son objectif : collecter un maximum de témoignages auprès d'individus « venant des quatre coins du monde, toutes croyances, tous âges et couleurs de peau confondues ». À partir d'un questionnaire standard extrêmement fouillé, plus de 1 300 témoignages ont été analysés, permettant de mettre en évidence « neuf preuves constitutives d'une forme de vie après la mort ». Ces « preuves » sont les étapes qui apparaissent intangibles par-delà les histoires personnelles et les cultures. Cela va de la même vie au bouleversement profond de l'existence après une telle expérience, en passant par le franchissement du tunnel, les rencontres avec des êtres de lumière, le « *revécu* » d'épisodes de sa vie, la lucidité décuplée...

Les recherches portant sur ce sujet sont relativement nouvelles. Cependant, depuis des siècles le bouddhisme évoque ce phénomène. On trouve des traités qui expliquent en détail que cela est la conséquence, fixée dans la mémoire du temps, des actions présentes ou des vies antérieures que chacun a accumulées durant les différentes phases de ses vies. Pendant le bref et rapide instant qui précède la mort, on est transporté dans un « état intermédiaire », juste avant que la vie ne recouvre une existence matérielle. On est alors réparti suivant les actions que chacun a faites pendant sa vie pour aller dans une des six destinées du *samsara*, en enfer ou dans le monde des esprits affamés ou celui des animaux féroces ou encore celui des *asuras*, mais aussi celui des hommes ou celui des dieux.

Pour ceux qui ont pu atteindre l'éveil pendant leur vie matérielle, ils peuvent aller sur la Terre pure directement. Cependant il est bon de rappeler qu'ils reviendront dans le monde des hommes pour sauver les êtres souffrant ici-bas.

C'est dans l'histoire des saints relatée dans la genèse japonaise que l'on découvre que le moine Hônen[1], dans son journal, avait déjà décrit le paysage de la Terre pure et ses derniers jours. Il avait déjà ressenti à son époque l'existence de la mort et de la renaissance.

1. Le moine Hônen ou Genku (1133-1212) est le fondateur de l'école Jodo dans le bouddhisme japonais. Quand il avait neuf ans, il vit son père mourir, assassiné par des ennemis. Avant de décéder, son père lui dit : « Ne te montre pas rancunier envers ces gens. Ce qui m'est arrivé est le fruit des mauvaises actions que j'ai commises durant mes vies antérieures. Quitte donc la maison et fais-toi moine, afin de trouver l'éveil. » Se conformant aux dernières paroles de son père, il sortit de la maison et alla au Mont Hiei, où il étudia et pratiqua le bouddhisme. Il quitta le Mont Hiei pour aller à Kurodani, à Kyoto. Il y pratiqua les exercices bouddhiques sous la direction du moine Enku et lut tous les sutras plusieurs fois, mais il ne put trouver l'éveil. Enfin Hônen, alors âgé de 43 ans, trouva le commentaire du sutra *Kangyo*, le *Kangyosho* écrit par le moine chinois Zendo. Il fut enfin convaincu du salut que confère Amida, qui enseigne : « Invoquer et réciter sans cesse le nom du bouddha Amida, en désirant sincèrement renaître en Terre pure, en manifestant une foi profonde et de la reconnaissance envers Amida, permet à tous les êtres de gagner la Terre pure. » Il sait dorénavant qu'il faut abandonner les pratiques mélangées et se fier entièrement à une seule pratique, à savoir la récitation du nom d'Amida. Il ouvre une nouvelle école, le Jodoshu, à Higashiyama (Kyoto). Hônen était réputé pour être le moine le plus sage du Japon. De nombreux nobles et roturiers venaient trouver Hônen afin de chercher auprès de lui le salut de leur vie à venir.

Les derniers jours de maître Hônen selon son journal

Le 2 janvier 1211 : Hônen ne pouvait ni bien manger ni bien entendre ni bien voir depuis deux ou trois ans à cause de son grand âge. Cependant, au moment où il se trouva sur son lit de mort, il recommença à voir nettement et à bien entendre ce qu'on disait autour de son lit. Il ne parlait que d'aller en Terre pure. Il n'arrêtait pas de réciter le *nembutsu*. Il faisait bouger silencieusement sa langue et sa bouche, même pendant son sommeil. À le voir, tous les disciples pensèrent que cela était étrange.

Le 3 janvier 1211, Hônen dit aux disciples :

« J'étais bonze mendiant en Inde dans une de mes vies antérieures. J'étais toujours en relation avec le *shomon* ou le saint indien autrefois. Après cela, je suis né au Japon. J'ai appris l'enseignement de l'école Tendai sur le mont Hiei. Puis j'ai ouvert la porte du *nembutsu* et j'ai recommandé au peuple de le réciter. » Un disciple lui demanda :

« Maître, allez-vous en Terre pure maintenant ? »

Il répondit : « J'étais originellement dans la Terre pure, donc aujourd'hui le moment est venu de retourner d'où je viens…en Terre pure. »

INTRODUCTION

Un jour, Suzuki Shosan, un moine zen de renommée de l'époque d'Edo, au chevet d'un vieil homme sur le point de passer de vie à trépas, lui dit :

« Que vous viviez encore vingt ou trente ans en pratiquant les exercices bouddhiques ne changera rien... Il en est de même pour moi ! En quatre-vingts ans, mon esprit n'a pas changé. Cependant, j'ai l'heureuse conviction d'avoir récolté pour l'avenir la semence permettant de devenir bouddha. J'espère que vous aussi aurez su durant votre vie présente protéger cette semence. Peu importe où que vous alliez après la mort, même si c'est en enfer ! Peu importe la forme que vous prendrez ! L'essentiel, pour vous comme pour tous les hommes, est de ne point perdre cette semence afin de poursuivre la pratique du bouddhisme dans nos vies futures. Depuis les temps anciens, personne n'a pu réaliser l'éveil suprême (*satori*), si ce n'est Sakyamuni. Même nos grands dignitaires, Denkyo Daishi (Saicho) et Kobo Daishi (Kukai), ne sont pas parvenus à se réaliser en tant que bouddhas éveillés. Rassurez-vous donc, vous ne changerez pas, même si vous vivez encore longtemps. La vie, finalement, dépend de la loi des causes et des conditions ; la semence, elle, dépend de nous-mêmes, c'est pourquoi il vous faut la garder précieusement jusqu'à votre dernier souffle. »

Après avoir entendu les paroles de Suzuki Shosan, le vieux moine mourut en toute sérénité.

Comme l'expriment les paroles du moine zen, la semence est une métaphore importante dans le bouddhisme, tant il est vrai que les semences acquises dans toutes les actions de notre vivant seront comptabilisées et fixeront le monde dans lequel nous renaîtrons après chacune de nos morts.

• Que devenons-nous après la mort ?

La vie humaine se déroule en portant ses semences. Quand nous mourons, nos semences ne disparaissent pas. Elles deviennent l'énergie nécessaire pour créer une autre vie. Cette énergie prend elle-même la forme d'une semence innée, la semence originelle d'un nouvel individu. Il n'y a aucune semence originelle qui soit la même, à la façon de notre génome. Suivant les renseignements enregistrés dans cette semence innée, une nouvelle vie est fixée. Cette nouvelle vie participe à la répétition des naissances et des morts, du passé, du présent et de l'avenir, à travers les six mondes de l'illusion (les enfers, les esprits affamés, les animaux, les esprits combattants, les hommes et les dieux).

• Quelle est la signification exacte du mot « semence » dans le bouddhisme ?

Pour répondre à cette question, je présenterai l'ancienne philosophie indienne, le *Yuishiki* ou *le rien-que-conscience.* Car dans le *Yuishiki 30 ju,* l'indien ancien explique bien la signification exacte du mot semence. Je montrerai ensuite le chemin vers le *satori,* qui peut échapper au cycle des naissances et des morts selon le *Yuishiki,* la sous-psychologie bouddhique.

Avant cela, j'expliquerai le processus depuis l'existence du Bouddha Sakyamuni jusqu'à la naissance du *Yuishiki.*

Depuis le Bouddha Sakyamuni jusqu'au *Yuishiki*

Il y a environ 2 500 ans, le Bouddha Sakyamuni atteignit l'éveil sous un tilleul en Inde, au milieu du IVe siècle avant Jésus-Christ. On dit qu'il prêcha sur « les douze causes ou conditions[1] », « les quatre nobles vérités[2] » et « le chemin à huit branches[3] » dans ses ser-

1. Les douze causes ou conditions qui sont : 1. *Mumyo,* l'ignorance spirituelle ; 2. *Gyo,* l'attirance, le désir aveugle ; 3. *Shiki* , la conscience ; 4. *Myoshiki* , le nom de la forme, soit l'ensemble des perceptions et conceptions (*myo*) et des éléments matériels (*shiki*) qui se conjuguent dans la formation des êtres ; 5. *Rokunyu,* les six entrées, les six organes des sens ; 6. *Soku* , le contact des objets extérieurs ; 7. *Ju,* les perceptions nées du contact avec les objets extérieurs ; 8. *Ai,* l'attachement vis-à-vis de sa propre existence ; 9. *Shu,* ce qui pousse l'esprit à s'emparer des objets de désir ; 10. *U,* le fait d'être soumis au *karma* ; 11. *Sho,* la naissance à l'existence ; 12. *Roshi,* vieillesse et mort.

2. Le monde est rempli de souffrances. La naissance est souffrance, la vieillesse est souffrance, la maladie est souffrance, et la mort est souffrance. Voilà ce qu'on appelle les quatre nobles vérités.

3. Pour entrer dans l'état idéal, il faut suivre le chemin en huit branches, à savoir : la Vue Correcte, la Pensée Correcte, la Parole Correcte, la Conduite Correcte, la Vie Correcte, L'Effort Correct, L'Attention Correct et la Concentration Correcte. Voilà ce qu'on appelle la Noble Vérité sur le Chemin qui mène à la Suppression de la Souffrance.

mons à ses disciples et aux passants qui l'attendaient pour l'écouter. Grâce au *Sutta-Nipata*, qui est le texte bouddhique le plus ancien connu aujourd'hui, nous avons accès à ces doctrines bouddhiques ancestrales.

Après la mort du Bouddha, ses disciples prêchèrent la Loi bouddhique selon ce qu'ils avaient entendu directement de la bouche de Sakyamuni. Mais, même s'ils transmettaient fidèlement l'enseignement qu'ils avaient reçu, une divergence de vues était inévitable. C'est pourquoi cinq cents moines indiens décidèrent de se réunir afin de travailler à la rédaction de l'enseignement du Bouddha par la récitation mutuelle de ce que chacun avait entendu. Ils consacrèrent plusieurs années à ce travail qu'ils appelèrent « la Mise en ordre » (*Keshu*). Cette première réunion fut établie près du Château d'Oshajo, où Sakyamuni avait prêché, et comptait notamment le moine Ananda, premier disciple du Bouddha, qui l'accompagnait toujours durant ses sermons.

Ce comité de rédaction du bouddhisme fut réuni au total quatre fois. La deuxième réunion eut lieu cent ans après la mort de Sakyamuni. Mille moines indiens se réunirent sous la direction du roi indien Asoka, qui régna de 268 à 232 avant Jésus-Christ. Asoka envoya des missionnaires bouddhistes non seulement à travers l'Inde tout entière mais également au-delà de son royaume. Certains furent envoyés vers la Syrie, l'Égypte, la Libye et la Macédoine, afin d'y transmettre la doctrine du Bouddha Sakyamuni. Ainsi, pendant plusieurs siècles avant Jésus-Christ, la face du bouddhisme fut tournée vers l'Ouest.

La quatrième réunion rassembla cinq cents moines sous le règne du roi du Kashmir, Kanisika, au IIe siècle après Jésus-Christ.

Vers le premier siècle après Jésus-Christ, s'est opérée une « Nouvelle Vague » sous le nom de bouddhisme Mahayana ou bouddhisme du Grand Véhicule. Certains des éléments importants des Écritures du Mahayana existaient déjà en Occident durant la période allant du Iᵉʳ ou IIᵉ siècle avant Jésus-Christ au Iᵉʳ siècle de l'ère chrétienne.

Le moine indien Nagarjuna, connu au Japon sous le nom de bodhisattva Ryuju (150-250 après Jésus-Christ) établit un système complet des doctrines du Mahayana.

À l'époque du Bouddha Sakyamuni et du bodhisattva Ryuju, la doctrine bouddhique enseignait que le cœur était animé des cinq sens (la vue, l'ouïe, l'odorat, le goût et le toucher) et d'une conscience. Elle faisait également allusion à quelque chose au fond du cœur qui se nomme en japonais *mumyo* : l'obscurité spirituelle.

Deux ou trois siècles plus tard, apparurent de nouveaux sutras tels que le *Gejinmikyo* ou le *Daijoabidatsumakyo*, qui traitent de la psychologie des profondeurs. C'est l'origine du *yuishiki* (psychologie du dessous bouddhique).

Dans ces sutras, on nomme *arayashiki* (ou conscience des tréfonds) quelque chose que l'on situe au plus profond du cœur. L'*arayashiki* est comme un entrepôt dans lequel les semences qu'ont enregistrées nos expériences passées et les pensées de chaque personne s'accumulent à chaque instant.

Au quatrième siècle, trois moines indiens : le bodhisattva Miroku, le bodhisattva Muchaque (310-390) et le bodhisattva Seshin (320-400) accomplirent la doctrine du *yuishiki*. Le dernier expliqua qu'il existerait en fait huit consciences dans le cœur de l'homme. Le *manashiki* ou conscience égocentrique s'ajouta aux six premières, avant l'*arayashiki*.

Au sixième siècle, le *yuishiki* fut introduit en Chine par un moine indien, Shindai (499-569), à travers la route de la soie maritime. Celui-ci était venu en Chine sous l'invitation de l'empereur chinois Wu-Ti pour commenter et traduire les sutras bouddhiques en chinois. Par malheur la Chine entra en guerre pendant son voyage et Shindai dut errer dans tout le pays pour éviter les conflits. Malgré beaucoup de difficultés, il continua la traduction des sutras.

Le moine chinois Hsuan Tsang (Genjo Sanzo en japonais – 602-664), passionné par le *Yuishiki* traduit par Shindai, se rendit en Inde au risque de sa vie en suivant la route de la soie à dos de chameau. Seul dans le désert, il s'égara. Pendant quatre jours, il n'eut pas une goutte à boire. Par chance, le chameau qu'il chevauchait le conduisit en Inde. Une fois dans ce pays, il commença à étudier le *Joyuishikiron* (le commentaire du *Yuishiki* écrit par Dharmapara). Après avoir étudié le *Yuishiki* en Inde pendant dix-sept ans, Genjo Sanzo revint en Chine. Il commença alors à traduire des ouvrages bouddhiques sanscrits en chinois. C'est durant cette période qu'il traduisit le *Yuishiki 30 ju* et le *Joyuishikiron* ou le commentaire du *Yuishiki 30 ju*.

Comment le *yuishiki* fut-il introduit au Japon ?

En 594, le prince Shotoku avait adopté le bouddhisme comme religion d'État. D'anciens documents conservés aujourd'hui dans un des temples de Gangoji à Nara attesteraient que l'école Shionshu enseignait le *yuishiki* sous le régime de ce Prince.

En 653, l'empereur Kotoku envoya les savants japonais Dosho et Joe dans la Chine des Tang où ils étudièrent le *Yuishiki*. Ils assistèrent aux réunions pendant lesquelles Genjo Sanzo traduisait avec d'autres spécialistes les textes qu'il avait lui-même rapportés d'Inde. De retour au Japon (vers l'an 661), les deux savants japonais enseignèrent le *Yuishiki* au temple Gangoji.

En 734, le moine Genbo, rentré de Chine, introduisit le *Yuishiki* au temple Kofukuji. Depuis cela et jusqu'à aujourd'hui, les préceptes du *Yuishiki* sont enseignés par l'école Hosso du temple Kofukuji.

Le *Yuishiki* occupe dans le domaine du bouddhisme japonais une position essentielle en tant que théorie fondamentale bouddhique. Il a influencé tous les moines japonais.

Je me réfère dans cet ouvrage au *Joyuishikiron*, aux livres japonais *Yuishiki 30 ju Yoko* et *Joyuishikiron Yoko* écrits par Kuchi Ohota pour interpréter le *Yuishiki 30 ju*.

J'ai bénéficié de l'aide d'un collaborateur francais, M. Aucante Yann, que je voudrais spécialement et sincèrement remercier.

ASUKA Ryôko

LE YUISHIKI 30 JU

Le *Yuishiki 30 ju* [1]

Je me prosterne devant les hommes purs et parfaits qui sont ici omniprésents dans nos esprits, le Bouddha Sakyamuni et le bodhisattva Seshin, auteur du Yuishiki 30 ju. *À présent nous*[2] *allons analyser le* Yuishiki 30 ju *pour aider les êtres humains à s'épanouir.*

On s'illusionne en pensant que l'ego et la loi existent, alors qu'en réalité ils sont provisoires, conformément à la loi de la causalité. Les existences de ce monde sont changeantes. Toutes sont nées du changement de la conscience.

Dans le mot *ego*, on comprend en général deux sortes d'idées : l'ego personnel et l'existence ou la vie, qui est personnifiée dans maintes religions par l'être absolu. Dans le *Yuishiki*, cette notion d'ego n'est qu'une illusion. Il nie l'existence d'un être absolu, d'un Dieu. De ce point de vue, le bouddhisme est exactement antinomique du christianisme, qui repose sur l'existence de Dieu, l'être omnipotent, unique et éternel.

1. Les phrases en italiques sont la traduction libre du texte originel du *Yuishiki 30 ju*, suivie du résumé de l'explication par *Joyuishiki-ron*.
2. Ce vers a été ajouté plus tard.

Le mot qui traduit la loi comporte quatre significations : la vérité, l'enseignement du Bouddha, toutes les choses que l'homme trouve dans ses consciences et les paroles ou l'échelle de valeurs ou la culture. Nous trouvons d'abord des choses, puis nous fabriquons les paroles pour les indiquer. Mais le *Yuishiki* explique que ce n'est pas vrai. En réalité, les choses qu'on trouve n'existent pas. Nous fabriquons des paroles pour celles qui apparaissent dans nos consciences.

Le bodhisattva Seshin écrit cet hymne afin de montrer que l'ego et la loi sont vacuité. Si l'on s'attache à l'ego et à la loi, les passions négatives (les *bonnos*) sont nées. Les *bonnos* causent la circulation de la naissance et de la mort (*rinne*). Pour anéantir l'attachement à l'ego et à la loi, Seshin explique que les *bonnos* attachés à l'ego et à la loi sont vacuité. Si l'on détruit les *bonnos*, la sagesse naît et on atteint l'éveil (le *satori*).

La sagesse permet une activité profitable aux autres. Celui qui souffre à cause de l'attachement à lui-même et à la loi est libéré par la sagesse du *satori* et il pourra ainsi sauver les autres personnes. Pour accomplir cette sagesse, le bodhisattva Seshin prêche le *Yuishiki*.

« Par quoi nos existences et toutes les réalités de l'extérieur sont-elles alors créées ? Elles sont nées des huit consciences de l'homme qui fonctionnent activement. Les huit consciences sont classées en trois catégories. »

Nous ne pouvons pas prononcer de paroles pour rien. Le *Yuishiki* affirme que nous prononçons des paroles pour les choses qui apparaissent dans nos consciences.

« Elles sont appelées en japonais, l'*ijuku-shiki*, la *shiryo-shiki* et la *ryobetsukyo-shiki*. »

Le mot japonais *shiki* signifie la conscience. L'*ijuku-shiki*, alias l'*arayashiki*. La *shiryo-shiki*, alias le *mana-shiki* ; le *ryobetsukyo-shiki* sont les cinq premières consciences (*zen-go-shiki*) qui sont produites par les cinq sens (vue, odorat, ouïe, goût, toucher) et la sixième conscience (*rokushiki*).

L'homme est composé de huit consciences : la huitième conscience est appelée en japonais *l'arayashiki* et la septième conscience, le *mana-shiki*.

« Premièrement, l'*arayashiki*, alias *Ijuku-shiki* ou *issaishuji-shiki*. L'*arayashiki* agit sur les semences et le monde extérieur. »

L'*arayashiki*, huitième conscience, dont le rôle est de conserver, porte sur les semences. Cette conscience conserve les semences qui enregistrent sans cesse les expériences, les actions, les pensées, les impressions ou les prédispositions au fond du cœur de l'homme. Quand ces semences rencontrent une condition extérieure, elles se concrétisent. Puis, ce qui apparaît au moment réel comme une action ou un phénomène est enregistré dans une semence qui est tout de suite entreposée dans l'*arayashiki*. Il n'y a donc pas d'ego substantiel, avec une forme finie comme un noyau, mais des myriades de semences entreposées au fond du cœur, qui naissent et meurent en permanence.

Le *Joyuishikiron* ou le commentaire du *Yuishiki 30 ju* commente ce passage et soulève la question : « S'il n'existe pas d'ego permanent, comment expliquer la persistance d'une personnalité individuelle chez l'homme ? »

La réponse est dans l'*arayashiki*. L'activité de ces semences, qui se répète dans la vie quotidienne de l'homme, modèle notre personnalité et notre monde extérieur. Par ce mouvement de renouvellement incessant et constant, il existe une continuité entre le moi d'hier, d'aujourd'hui et de demain. Le soi évolue ainsi sans cesse.

Chaque action disparaît quand elle se termine, mais une partie reste présente dans le nous d'aujourd'hui, grâce aux semences conservées dans notre *arayashiki*. Pour cela, l'autre nom de l'*arayashiki* est « la conscience qui porte le passé » *(ijukushiki)*.

Nous pensons toujours que toutes les choses autour de nous existent et qu'elles apportent des informations à nos cinq sens. Mais le *Yuishiki* nous apprend que ce n'est pas vrai. Toutes les choses sont inventées par nos huit consciences. De plus, nos consciences aussi évoluent en fonction de nos semences qui sont le moteur de nos actes. En même temps, notre action est enregistrée dans nos consciences. Ces semences naissent et disparaissent sans cesse. Notre monde se forme par ce renouvellement incessant de nos semences. Finalement, toute existence, toute chose et tous les phénomènes du monde n'ont aucune réalité substantielle, rien ne reste figé un seul instant. Par exemple, l'homme exécrable qui accumule les mauvaises actions peut devenir bienfaisant. L'homme est toujours préoccupé par son mauvais environnement, il est par exemple déprimé par sa situation médiocre ou ses amis hypocrites. Il a le pouvoir de changer sa situation et les gens autour de lui s'il change lui-même. La vie selon le *yuishiki* est très positive.

Ces consciences fonctionnent activement, c'est l'originalité du *Yuishiki*. Les consciences ou le cœur changent l'homme et son monde. Autrement dit, l'homme peut changer lui-même et agir sur son environnement.

Sur la huitième conscience, l'*arayashiki*

« L'arayashiki est la conscience chargée des expériences du passé. »

Autrement dit, l'*araya-shiki* est la part de nous-même qui porte nos bonnes ou mauvaises actions passées. L'homme vit en accumulant les expériences qui deviennent tout de suite des actions révolues. L'action disparaît l'instant suivant, mais elle laisse des semences, comme des résonances dans le fond de notre cœur. Le soi d'hier, de l'année dernière, nos expériences du passé sont accumulées dans le fond de notre cœur. Elles aboutissent à ce que nous sommes aujourd'hui. Ainsi, l'*arayashiki* a pour rôle majeur de conserver une mémoire des expériences du passé, que l'on nomme en japonais *ijuku-shiki*.

C'est l'*arayashiki* qui décide de la circulation des naissances et des morts, de la destination de notre prochaine vie. Par exemple, nous sommes maintenant nés sur la terre comme humain, mais ni comme criminel de l'enfer ni comme animal ou esprit affamé, ni comme esprit combattant ou comme dieu, c'est encore l'*arayashiki* qui décide de notre existence humaine selon les actions bonnes et mauvaises que nous avons faites dans nos vies antérieures.

Sur la semence

Le *Yuishiki 30 ju* ne nous éclaire pas sur la semence, mais le *Jo-huishikiron* explique qu'il y a deux sortes de semences : l'une est celle qui se trouve originellement dans l'*arayashiki*. Le Bouddha Sakyamuni affirme que tous les êtres possèdent déjà des semences bonnes et mauvaises bien longtemps avant leur naissance. Il s'agit là d'une prédisposition. L'autre est le fruit des expériences vécues au cours d'une vie.

Il existe une relation circulaire entre nos consciences et la réalité. L'*arayashiki* est en relation étroite avec les sept autres consciences. Le fonctionnement de nos consciences provient de cette huitième conscience. C'est elle qui crée notre réalité. Chacun de nos agissements laisse une trace sous la forme d'une semence dans l'*arayashiki*. Ces semences ainsi accumulées agissent de nouveau sur notre réalité par la rencontre d'une condition extérieure (*en*). L'homme vit ainsi en accumulant les semences dans le fond de son cœur.

Le *Joyuishikiron* attribue six caractéristiques aux semences :

– Premièrement, celle de disparaître aussitôt qu'elle est générée. La semence crée la réalité, mais l'instant suivant, elle a déjà disparu. Parmi les semences, seulement celles qui ont suffisamment d'importance restent dans l'*arayashiki*, modulent notre personnalité. C'est-à-dire que toutes nos actions n'influent pas sur notre personnalité, par exemple, l'action de se brosser les dents ne forge pas notre caractère. Mais la lecture d'un livre qui nous a beaucoup ému aura des conséquences sur notre personnalité. Il n'existe pas de semence qui reste éternellement inchangée ou qui ne disparaît pas un jour. Toutes les choses et tous les phénomènes du monde qui sont engendrés par les semences sont provisoires.

– Deuxièmement, nos actions d'hier n'ont pas de conséquences directes sur celles d'aujourd'hui. La plupart des semences disparaissent tout de suite, seul quelques-unes persistent pour influencer nos actions d'aujourd'hui.

– Troisièmement et quatrièmement, les natures similaires se lient mutuellement. Une bonne semence se rattachera à une autre bonne semence et inversement. Quand nous avons fait une mauvaise action, bien que cette dernière soit éphémère, la semence qui en résulte sera à l'origine d'une autre mauvaise action. Chaque action laisse son influence dans le fond de notre cœur et sera suivie de nos actions futures.

– Cinquièmement, nos semences construisent notre vie par la rencontre avec des éléments extérieurs. Nous dépendons ainsi beaucoup des rencontres avec les autres.

– Sixièmement, notre personnalité et notre environnement sont modelés par chacune de nos semences. Quand l'homme a une bonne semence dans son cœur, une bonne action apparaît et inversement. Chaque action naît de chaque semence.

Le *yuishiki* nie qu'un dieu ait créé l'humanité et toutes les choses du monde, mais il affirme que toutes les existences sont nées des semences que chacun porte. La semence est comme une force ou une énergie qui produit des effets. Ainsi, l'homme produit sans cesse des semences dans sa vie quotidienne. Elles mémorisent l'égoïsme inné, les bonnes et les mauvaises actions, les paroles représentant une échelle de valeurs, la culture, etc.

« L'*arayashiki* a également pour fonction de préserver l'avenir, ce qu'on appelle *issaishiki.* »

Chaque semence conservée dans l'*arayashiki* crée tout ce qui nous entoure. L'*arayashiki* est ainsi la conscience qui conçoit l'avenir. Le soi du présent vit sous la domination du soi du passé, mais il n'y est pas non plus entièrement soumis. Parce que l'*arayashiki* a cette fonction d'accumuler sans cesse des expériences nouvelles, même si un homme a effectué de mauvaises actions dans son passé, s'il a accompli de nombreuses bonnes actions dans son passé, s'il fait beaucoup de bonnes actions aujourd'hui, ces nouvelles semences favorables peuvent changer son avenir.

L'*arayashiki* et les semences qui s'y accumulent ne sont pas une même chose. En même temps, c'est ce groupement de semences qui constitue *l'arayashiki*. Alors, la semence existe-t-elle vraiment ? Si oui, alors elle n'est pas une illusion.

Dans le *Jo-Yuishiki-ron*, Dharmapara définit ce qui existe et qui n'est pas qu'une illusion selon les conditions suivantes :

1. Ce que l'homme peut connaître directement.
2. Ce que l'homme utilise dans la vie présente.
3. Ce qui a une fonction.

La semence ne répond pas au premier cas, mais elle correspond aux deuxième et troisième conditions. Parce que l'homme crée les choses à partir de la semence et qu'elle a comme fonction de faire progresser l'homme, elle existe. Elle n'est pas une illusion.

L'*arayashiki* considère les semences comme ses constituants. Autrement dit, enregistrer des expériences est l'objectif de l'*arayashiki*. À mesure que les expériences de l'homme s'accumulent, la personnalité de l'homme se fait plus profonde. Dans le même temps et de façon générale, le cœur de l'homme se salit progressivement au fil des ans. L'homme accumule dans l'*arayashiki* le même genre de semence ou répète les mêmes actions, mais le *manashiki* les pollue tout de suite par l'égoïsme. Donc l'homme ne fait malheureusement qu'aggraver son cas. Heureusement, l'accumulation des bonnes expériences telles qu'écouter la Loi du Bouddha, réciter le nom du Bouddha (*nembutsu*), pratiquer le *zen*, lire des ouvrages bouddhiques, tout cela permettra de couper court à l'envahissement de l'égoïsme. Les bonnes semences qui parviendront saines jusqu'à l'*arayashiki* commenceront lentement à le purifier.

« L'*arayashiki* conserve les semences. L'*arayashiki* soutient le corps. Il est concerné par l'environnement autour de nous-mêmes. »

Dans le *Joyuishikiron*, Goho analyse la nature de l'*arayashiki* en trois points :

1. L'*arayashiki* agit sur les semences pour les conserver.

2. Les autres consciences (les cinq sensations, la sixième conscience et la septième conscience ou le *manashiki*) jettent dans l'*arayashiki* les semences des expériences enregistrées. Le *manashiki* qui est égocentrique s'attache toujours à l'*arayashiki*. C'est ainsi que le caractère de l'homme nous semble immuable, parce que la conscience égocentrique maintient l'homme dans son égoïsme.

Le monde qui nous entoure est d'abord saisi par notre *arayashiki*, puis par nos cinq sens. Autrement dit, la semence conservée dans notre *arayashiki* perçoit d'abord le monde et juge selon son système de valeur. Les cinq sens s'activent ensuite pour reconnaître l'environnement. Par exemple, une fleur est d'abord remarquée par l'*arayashiki* de chaque personne avant que le sens de la vue ne la contemple. Bien sûr, le temps qui s'écoule entre l'impulsion de l'*arayashiki* et la réaction des yeux est instantané. La semence, marquée par la disposition, la capacité, le point de vue, de valeur ou la culture que chaque personne a accumulé saisit le monde alentour et, en même temps, le sens des yeux regarde. L'homme fonctionne selon cette double structure de compréhension.

« La fonction de l'*arayashiki* et les semences sont si mystérieuses que l'on ne peut pas tout savoir. » C'est-à-dire que nous ne savons pas nous-mêmes quelle personnalité nous renfermons. Touchée par quelques conditions du dehors, une semence conservée dans notre *arayashiki* produira un effet dans la réalité.

« L'*arayashiki* fonctionne selon les cinq activités du cœur : toucher, impulser, recevoir, analyser et agir. »

Ces relations entre l'activité du cœur et le fonctionnement de l'*arayashiki* sont ainsi décrits :

– Toucher : Quand les trois éléments que sont le corps et les nerfs, l'objet qui existe en dehors du corps, et les consciences de réflexion et d'analyse se stimulent mutuellement, l'*arayashiki*, aussi, fonctionne.

– L'impulsion du cœur : Quand le cœur se tourne vers un objet extérieur et s'y concentre activement, l'*arayashiki*, aussi, fonctionne.

– Recevoir : Quand on reçoit des stimulations du dehors avec des émotions, l'*arayashiki*, aussi, fonctionne.

– Analyser : Quand la sixième conscience analyse les informations du dehors et les convertit en langage, l'*arayashiki*, aussi, fonctionne.

« L'*arayashiki* ne sent ni douleur ni confort, ni chagrin ni joie. »

Le bouddhisme enseigne que la vie est douleur. Cependant, dans le fond du cœur, il n'y a ni douleur ni plaisir. Ce sont les consciences qui créent ces sensations. Si l'homme abandonne toutes les mauvaises semences salies par l'égoïsme de son cœur, il ne sentira ni douleur ni plaisir. C'est l'état idéal de la vacuité. C'est l'homme pur et le saint qui réalise idéal.

« L'*arayashiki* n'est ni bien ni mal. »

Le fond du cœur de tous les êtres n'est, à la base, ni bon ni mauvais. Donc l'homme n'est lui-même ni bon ni mauvais. C'est-à-dire que l'homme pourra sombrer dans le mal, comme il pourra en sortir. L'homme peut changer en fonction de ses actions d'aujourd'hui.

« L'*arayashiki* contient des semences qui coulent sans cesse comme un torrent. »

L'*arayashiki* a la même nature depuis des temps infinis et pour toujours. C'est l'*arayashiki* qui crée le monde où les êtres sont dominés par le désir (*yokkai*), le monde où ils ne connaissent pas l'ego (*mushikikai*), le monde des dieux, le monde des hommes ou le monde des animaux, le monde des esprits affamés ou le monde des enfers, le monde où l'être n'est qu'embryon ou celui où il n'est encore qu'un œuf, etc. L'origine de chaque monde vient de l'*arayashiki*. Autrement dit, la semence de l'*arayashiki* germe et la réalité apparaît. L'*arayashiki* ne change jamais, mais bouge toujours, comme le torrent qui coule sous la domination de la Loi de la causalité. L'*arayashiki* est comme un fleuve sur lequel des êtres flottent. L'*arayashiki* est comme une mer dont les vagues s'élèvent avec le vent. L'*arayashiki*, aussi, lève les consciences quand elles rencontrent diverses situations (*en*). Comme la rivière coule en charriant des herbes et des ordures tombées en amont, l'*arayashiki* copule comme un courrant rapide en gardant des semences d'expériences toujours en rapport avec le monde extérieur.

Le bodhisattva Seshin, auteur du *Yuishiki 30 ju*, et le bodhisattva Goho, auteur du commentaire de celui-ci, *Jo-yuishikiron*, retiennent dans leur ouvrage que l'*arayashiki* cause chaque instant la réalité et qu'elle disparaît également tout de suite. Comme l'*arayashiki* crée la réalité, le torrent de l'*arayashiki* ne s'arrête jamais, mais comme la réalité disparaît, l'*arayashiki* n'est pas constant. Il ne s'arrête ni ne continue, c'est la Loi de la causalité, non seulement dans l'aspect du fond de notre cœur, mais aussi dans l'aspect du torrent de la vie au-delà de notre propre vie. L'*arayashiki* est au centre de la métempsycose (*rinne*). Il est la notion de la vie au-dessus de l'individu.

« L'*arayashiki* est comme une mer dont une vague est ma vie, une autre vague votre vie. Tantôt une vague devient une vie animale, tantôt une vie d'insecte, etc., cela dans le temps énorme depuis la naissance de l'univers jusqu'à maintenant. »

Notre vie peut durer environ quatre-vingts ans, puis la vie passe à la génération de nos enfants, puis à celle de nos petits-enfants. Ainsi, l'*arayashiki* est la succession de la vie. Mais cela ne signifie pas que je renais tel quel dans une famille quelconque du village voisin quelques années après ma mort. La semence d'*arayashiki* germe tantôt dans la personnalité A, tantôt dans la personnalité B. Dans ce cas, il faut comprendre l'*arayashiki* comme la grande vie de l'univers.

« Depuis toujours, le torrent (*arayashiki*) génère de l'écume dont chaque bulle est autant de phénomènes dans le monde. L'*arayashiki* est la vacuité ou le vide (*ku*) fondamental, il est vide de toute consistance. »

Il s'agit d'une doctrine ésotérique et l'homme peut difficilement l'expliquer par des paroles. En réalité, seuls les saints, qui ont enlevé tout égoïsme de leur cœur, peuvent comprendre entièrement la vacuité. Ils ont remplacé l'égoïsme qu'ils renfermaient par la sagesse du Bouddha au fond de leur cœur.

Au fond de notre cœur, il y a l'*arayashiki* qui est originellement fait de vide (vacuité) et ressemble à un récipient transparent. Beaucoup de semences naissent dans l'*arayashiki*, suivant nos actions et nos expériences, puis elles disparaissent. C'est une répétition incessante de la naissance et de la mort des semences. Ces semences sont une sorte d'énergie qui enregistre nos expériences. L'*arayashiki* crée la réalité de notre vie, les événements, notre environnement, notre pays, etc. L'*arayashiki* est non seulement la conscience au fond du cœur de l'homme, mais aussi l'aspect du torrent de la vie globale au-dessus de notre propre vie. L'*arayashiki* est comme un torrent d'où jaillissent des vagues ou de l'écume. Une vague est ma vie, une autre est votre vie. Les vies s'enchaînent aussi depuis la nuit des temps. Ainsi, l'*arayashiki* est la succession de la vie, mais, originellement, il est la vacuité.

« Seuls l'arakan ou le saint, le bodhisattva et le Bouddha peuvent se débarrasser des semences pleines d'égoïsme de l'*arayashiki* en pratiquant assidûment les exercices bouddhiques. »

L'*aryashiki* n'est ni bon ni mauvais, mais le *manashiki* y jette toujours les semences entachées d'égocentrisme. L'*arayashiki* est comme un récipient transparent souillé d'une mauvaise matière.

L'arakan, le bodhisattva et le Bouddha sont les seuls êtres qui peuvent retirer toutes les semences sales pour les remplacer par des semences saines grâce aux exercices bouddhiques.

La huitième conscience, qui est le bas de nous-mêmes, n'est pas l'existence éternelle, mais elle n'est pas anéantie quand nous mourrons. Pour devenir Bouddha, il y a dix grades dans les exercices bouddhiques. Au grade d'arakan ou saint correspond le huitième grade. L'*arayashiki* est jeté quand le pratiquant atteint le huitième grade, qui est le grade d'arakan.

Quand nous devenons saint ou arakan grâce à la pratique bouddhique, la septième conscience très égocentrique disparaît et la huitième conscience se transforme en une grande sagesse (*daienkyochi*), qui continue éternellement.

Sur la septième conscience, *manashiki*

« La septième conscience est nommée en japonais le *manashiki*. Elle dépend fortement de l'*arayashiki*. Le *manashiki* renvoie une image égocentrique et trompeuse sur l'*arayashiki*. Le *manashiki* s'attache à cette image et catégorise toujours les choses selon son point de vue. »

Le *yuishiki* affirme que l'homme est complètement égoïste de nature. Toutes les expériences de l'homme, même les plus louables, sont salies par le *manashiki* (septième conscience). L'homme ne peut abandonner les pensées négatives de notion de gain et de perte, d'amour et de haine. Il ne peut s'empêcher de vouloir privilégier son propre intérêt. De telles pensées négatives et égocentriques qui naissent dans la tête ont pour source la septième conscience (*le manashiki*).

« Le *manashiki* est la conscience qui n'aime que soi-même, celle qui discerne le soi des autres et qui calcule l'obtention du profit ou l'abandon de la perte. »

Derrière chaque action bonne ou mauvaise se cache la pensée égocentrique du *manashiki*. Par exemple, quand on réalise une bonne action comme donner quelque chose aux pauvres, on a de l'orgueil en pensant que l'on est généreux. Ainsi, inconsciemment, l'homme s'attache toujours à lui-même.

Le *manashiki* s'attache au soi présent qui respire, mange, dort, évacue. Autrement dit, le *manashiki* s'intéresse au soi concret. Par exemple, quand on marche sur la route, il pense que les voitures le gênent, en revanche, quand on conduit une voiture, il pense que les piétons l'embarrassent. Le *manashiki* et l'*arayashiki* dépendent l'un de l'autre. Donc, l'homme est originellement mu par l'égoïsme.

Le Bouddha Sakyamuni dit dans un sutra : « Il y avait un roi et sa femme qui parlaient ensemble sur une colline. Le roi dit à sa femme : « C'est moi que j'aime le plus au monde. » En l'écoutant, sa femme lui répondit après quelques instants de réflexion : « Moi aussi. C'est moi que j'aime le plus au monde. » Les deux s'en inquiétèrent, ils allèrent consulter le Bouddha Sakyamuni pour avoir son opinion sur le sujet. Le Bouddha Sakyamuni leur répondit : « C'est bien de penser que c'est soi qu'on aime le plus au monde. Tout le monde pense la même chose. Donc, si l'on s'aime le plus au monde, on doit éviter de blesser les autres.[1] »

« Le *manashiki* fonctionne avec quatre émotions : l'égoïsme, l'ignorance, l'orgueil et les pensées égocentriques. »

1. D'après le *Jo-yuishikiron-Yoko*, vol II, Kyuki Ohta. Ed. Nakayama shobo Busshorin, 1999, p.113.

Les caractéristiques de ces quatre émotions sont :

– L'égoïsme, qui s'attache aveuglément à soi-même et à ses possessions. Il y a deux sortes d'égoïsme : l'égoïsme inné et celui lié aux expériences. Il faut pratiquer les exercices bouddhiques longtemps et assidûment pour effacer l'égoïsme inné, tandis que l'égoïsme lié aux expériences pourra être vaincu dès que le pratiquant bouddhiste atteindra l'éveil.

– L'ignorance, qui ne connaît pas les vérités bouddhiques que sont la vacuité, le sans-ego et l'impermanence.

– L'orgueil, qui estime que nous sommes supérieurs aux autres et qui nous les fait regarder de haut. Même dans l'humiliation, il y a de l'orgueil.

– Les pensées égocentriques discernent le soi d'autrui.

« En même temps, le *manashiki* fonctionne selon les cinq états du cœur : le contact ou la rencontre, le désir, la sensation et le sentiment, le jugement et la volonté. »

Par exemple, lorsqu'un homme rencontre une femme, il peut avoir envie de lui parler, la trouve belle ou laide, la considère intelligente. Il pourra ainsi avoir la volonté de construire une relation avec elle.

Le *Joyuishikiron* ajoute que le *manashiki* fonctionne également avec huit sentiments, qui sont : 1. la mélancolie, 2. l'excitation, 3. la méfiance, 4. la paresse, 5. le manque de motivation, 6. l'oubli, 7. la déconcentration, 8. l'ignorance. Ces huit sentiments ne sont pas forts. Ils ne poussent pas l'homme à se suicider ou à blesser les autres, mais l'homme souffre de ses sentiments sombres et négatifs.

« Originellement, le *manashiki* n'est ni bon ni mauvais, à l'instar de l'*arayashiki*, mais sa nature égocentrique empêche les êtres humains de pratiquer les exercices bouddhiques. Le *manashiki* est entaché d'égoïsme. »

Le *manashiki* tache le cœur de l'homme, mais il ne va pas jusqu'à blesser ou tuer les autres. Il n'a à la base aucune orientation vers le bien ou vers le mal. Cependant, le *manashiki* qui est complètement recouvert d'égoïsme est un obstacle pour se tourner vers le bouddhisme.

« Il fonctionne suivant les circonstances. »

Le *manashiki* est lié à ce que l'homme vit sur le moment. Le *manashiki* s'attache à l'état dans lequel il vit maintenant. Par exemple, un employé insistera pour améliorer sa condition, mais, s'il est président, son intérêt sera nettement prioritaire sur celui de son employé.

« Le *manashiki* ne fonctionne pas chez le saint (arakan) ou le pratiquant qui se plonge dans la concentration du zen et le *nembutsu.* »

Dans le bouddhisme Hinayana ou le petit véhicule, il y a quatre étapes dans la voie des saints. La dernière est celle de l'*arakan*, qui est considéré comme étant libéré de toutes les émotions égocentriques (*bonno*) qui empêchent l'homme d'arriver au but final de l'éveil. Chez lui, toutes les semences salies d'égoïsme ont disparu et ne renaissent jamais. Donc, le *manashiki* ne fonctionne plus chez l'arakan.

Parmi les pratiquants du zen qui sont dans la concentration, il y a deux sortes de pratiquants : d'un côté, ceux dont la sixième conscience et les cinq sens ne fonctionnent plus ; de l'autre, ceux dont le *manashiki*, la sixième conscience et les cinq sens ne fonctionnent plus pendant la concentration profonde zen. Mais la huitième conscience fonctionne encore chez eux. Lorsque la huitième conscience s'arrête de fonctionner, cela signifie la mort. Après la concentration zen, le *manashiki* (ou la conscience égocentrique) fonctionne à nouveau.

L'homme peut se libérer de son égoïsme par l'éveil. Avant l'éveil, le *manashiki* s'attache toujours à l'*arayashiki* et privilégie l'ego. Avant l'éveil, l'homme ne peut voir autre chose que lui-même. Cependant, après l'éveil, le *manashiki* change d'objet central : il se tourne vers la vérité. L'homme peut alors comprendre la sagesse enseignée par le Bouddha Sakyamuni. Il peut voir tout avec justesse, le monde, les autres personnes, la structure des profondeurs de l'homme, etc. Cette sagesse est appelée « l'esprit d'égalité qui réalise l'identité profonde de toutes choses » (*byodoshin*). D'après le *yuishiki*, quand le pratiquant devient un bouddha, son *manashiki* se change en conscience sans ego. L'esprit borné qui ne regardait que lui-même se change en esprit ouvert. Il regarde les autres, il se change en cœur qui respecte les autres. Il est tout de même très difficile d'effacer complètement le *manashiki*. Le *yuishiki* explique qu'il faut beaucoup de temps, de nombreuses vies de pratique des exercices bouddhiques.

Sur la sixième conscience et les cinq sens

« Il y a la sixième conscience et les cinq sens. Les cinq sens limitent les domaines dans lesquels l'homme reconnaît son environnement par la capacité de ses organes sensoriels. La sixième conscience fait fonctionner l'intelligence, la sensibilité et la volonté de l'homme. Elle limite les objets à reconnaître selon la connaissance ou le goût. »

Nos organes sensoriels sont physiquement limités : l'homme ne peut, par exemple, pas voir les rayons ultraviolets.

« La sixième conscience et les cinq sens sont classés en six cas. »

La sixième conscience fonctionne avec les cinq sens sur le même objet. Par exemple, quand on s'applique à lire un livre, nos yeux lisent les lignes et en même temps la sixième conscience s'applique à en comprendre le sens.

La sixième conscience fonctionne avec les cinq sens, mais il arrive que la sixième conscience et les cinq sens ne fonctionnent pas envers le même objet. Par exemple, les yeux lisent un livre, mais l'esprit pense à autre chose. C'est-à-dire que la sixième conscience agit indépendamment de la vue.

La sixième conscience fonctionne, même si les cinq sens ne sont plus actifs. Par exemple, après avoir admiré d'excellents tableaux dans un musée, un personne repart avec une grande émotion. Dans ce cas-là, il ne voit plus les tableaux, mais ce souvenir éveille des résonances profondes dans sa sixième conscience.

Dans le cas de la concentration zen, la sixième conscience fonctionne indépendamment des cinq sens. Cet état de concentration peut mener soit à une illusion, soit au véritable éveil. La sixième conscience est complètement transformée lorsqu'on atteint l'éveil.

La sixième conscience fonctionne sans les cinq sens. Par exemple, penser, juger, imaginer élaborer un plan, toutes ces réflexions proviennent de la sixième conscience. Dans ce cas-là, les cinq sens ne fonctionnent pas.

Pendant le rêve, la sixième conscience fonctionne indépendamment des cinq sens.

« La sixième conscience penche tantôt pour le bien, tantôt pour le mal et tantôt ni pour l'un ni pour l'autre. » Les pensées, le jugement, l'imagination, l'élaboration d'un projet et la volonté d'atteindre un idéal, tout cela est le travail de la sixième conscience. La sixième conscience est située en surface, l'homme peut donc faire un retour sur lui-même à ce niveau de conscience. La sixième conscience a connaissance du bien et du mal, l'homme a ainsi la liberté de choisir la bonne ou la mauvaise direction de son propre chef. Mais il arrive souvent que l'homme ne puisse pas faire une bonne action, malgré beaucoup d'efforts. C'est l'égoïsme de la septième conscience qui l'en empêche. Qu'il s'agisse du bouddhisme ou du christianisme, les religions visent à changer le contenu des consciences profondes.

Sur les bonnes et les mauvaises conduites

« Les onze bonnes conduites qui fonctionnent dans la sixième conscience sont : 1. Avoir confiance. 2. Réfléchir sur soi-même. 3. Avoir honte devant les autres pour ses mauvaises actions. 4. Ne pas avoir d'attachement pour soi-même et les siens. 5. Ne pas être en colère face à ce que l'on n'aime pas, c'est-à-dire estimer les autres. 6. Ne pas rester ignorant sur soi-même et la vérité bouddhique. 7. Être diligent pour permettre les actions positives. 8. Avoir le corps et l'esprit parfaitement à l'aise. 9. Ne pas être désordonné. 10. Faire le bien continuellement sans se causer de souffrance. 11. Être non-violent envers les autres. Le bouddhisme ne veut pas nuire aux autres religions. »

Le Joyuishikiron affirme que ces onze bonnes conduites fonctionnent dans les consciences supérieures, mais pas dans les consciences profondes.

Celui qui atteint l'éveil est donc rempli de ces bonnes conduites dans ses huit consciences. Les bonnes conduites ont pour but de nous guider vers la vérité bouddhique. Elles exercent une influence chez l'homme, non seulement dans sa vie d'aujourd'hui, mais aussi dans sa vie future.

« Premièrement, on explique les cinq activités du cœur : toucher, impulser, recevoir, analyser et agir. »

La sixième conscience fonctionne avec toutes les activités du cœur. D'abord, le *Yuishiki 30 ju* explique l'action du cœur faite quand l'esprit bouge. Il divise le cœur en deux : les huit consciences telles que la conscience des yeux, des oreilles, du nez, de la langue, du corps, la conscience, le *manashiki* et l' *arayshiki* ; et les 51 sortes d'activités du cœur.

« Puis, il explique les activités du cœur quand on désire, quand on décide, quand on fait une expérience, quand on se plonge dans l'observation d'un l'objet, quand on choisit et juge quelque chose. »

« Les bonnes activités du cœur sont :

– La foi : on croit au Bouddha, à la Loi et au moine.

– Le regret : on réfléchit sur soi-même. Il est présent à la fois dans nos mauvaises passions (*bonnos*) et nos mauvaises actions.

– La non-avidité : on ne s'attache pas à la vie régie par la circulation des naissances et des morts.

– Ne pas se mettre en colère face à ce qu'on déteste.

– La non-ignorance : on se connaît soi-même.

– La diligence : on s'exerce aux bonnes actions sans relâche.

– La tranquillité : quand on pratique le zen, on sent la tranquillité.

– Ne pas nuire aux autres. »

« Les mauvaises conduites sont des émotions égocentriques (*bonnos*), c'est-à-dire des pensées qui vont contre les théories bouddhiques comme la vacuité, le sans-ego, l'impermanence. »

Les *bonnos* sont classés en deux catégories : les *bonnos* fondamentaux (*konpon-bonno*) et les *bonnos* annexes (*zui-bonno*).

« Les bonnos fondamentaux sont : 1. la convoitise qui s'attache aveuglément à tous. 2. La colère que l'homme témoigne pour des affaires ou des choses qu'il n'aime pas. 3. L'ignorance de la vérité bouddhique. 4. L'orgueil : on pense que l'on est supérieur aux autres et on les regarde de haut. 5. Le doute : on remet en question la vérité bouddhique. 6. Les mauvaises pensées (*akuken*) ou les points de vue égocentriques. »

« Les mauvaises passions annexes (*zui-bonno*) sont :

– La colère acharnée contre ce qu'on déteste en recourant à la violence.

– La rancune accompagnée de haine.

– Le fait de dissimuler ses fautes ou ses mauvaises actions devant les autres.

– La jalousie : lorsqu'on ne peut pas se réjouir du bonheur des autres sans un sentiment haineux.

– L'avarice, la tromperie, la flatterie.

– Le calcul pour son propre bénéfice et sa sécurité en recourant au mal.

– L'arrogance : quand on est gonflé d'orgueil en se trouvant des qualités supérieures aux autres comme le talent, la capacité, la jeunesse, la bonne santé, etc.

– Le fait de ne pas se remettre en question malgré la voix de sa conscience ou la vérité bouddhique.

– Le fait de ne pas tenir compte du regard des autres.

– La perte du calme ou l'impatience jusqu'à l'énervement.

– La mélancolie : lorsqu'on ne peut pas penser positivement.

– La méfiance envers la vérité bouddhique ou les autres personnes. La méfiance ne nuit pas directement aux autres, mais elle entrave les relations avec les autres et finit par rendre l'homme solitaire.

– La paresse, qui ne permet pas de faire de bonnes actions et empêche de se défendre des mauvaises actions. »

– La négligence, qui ne permet pas de faire l'effort de se purifier.

– L'oubli de pratiquer les exercices bouddhiques.

– L'éparpillement, l'incompréhension. »

« Ceux qui ne sont ni bon ni mauvais : Le regret, le sommeil, la réflexion. »

« Les cinq sens et la sixième conscience réagissent au contact des conditions extérieures (*en*). Tantôt ils s'activent avec la huitième conscience, tantôt ils s'activent indépendamment. »

Ainsi, lorsque nous lisons par exemple un livre sur le *yuishiki*, les semences de colère ou de rancune de notre *arayashiki* ne s'activent pas. Autrement dit l'*arayashiki* est inerte. Grâce à cela, nous pouvons rester dans le calme ou le bonheur en lisant ce livre.

« Les cinq sens et la sixième conscience se fondent sur les semences accumulées dans la huitième conscience (*arayashiki*). La semence, qui se produit lorsque l'on rencontre certaines conditions extérieures (*en*), cause la réalité. »

Par exemple, quand un homme tombe amoureux d'une femme, on dit souvent que cette femme lui était destinée. Le *yuishiki* explique en revanche que c'est la semence de l'homme qui renfermait l'envie d'amour qui a remarqué cette femme. Puis les cinq sens, la sixième conscience et la septième conscience égocentrique de cet homme examinent cette femme. Trouvant qu'elle est belle, qu'elle a un bon caractère et qu'elle est dans son goût l'amour de l'homme pour cette femme naît. Enfin, la nouvelle semence produite par cette expérience amoureuse est jetée dans l'*arayashiki* de cet homme.

« La huitième conscience est comparable à l'eau, les cinq sens à la vague, et la condition extérieure (*en*) au vent. Quand le vent souffle, diverses sortes de vagues se lèvent en fonction du vent. C'est-à-dire que la huitième conscience (l'eau) rencontre diverses sortes de vents. Les vagues réagissent en fonction du vent. »

Ainsi, l'homme peut évoluer avec la condition extérieure (*en*) et, au fur et à mesure qu'il change, l'environnement autour du lui, aussi, se modifie.

« Les cinq sens et la sixième conscience fonctionnent en permanence chez l'homme, mais, quand le pratiquant du zen médite ou quand nous dormons profondément ou encore lorsque nous nous évanouissons, nos sens, notre sixième et parfois jusqu'à notre septième conscience s'arrêtent. »

Cette remarque du *Yuishiki 30 ju* nous a intéressés parce que la science moderne a pu vérifier cette hypothèse[1] : « Le chef d'une équipe de l'université de Todai de Tokyo, le professeur Kensaku Mori, a fait une annonce publique dans la revue scientifique américaine *Neuron*. Des expériences sur des rats ont mis en évidence que « pendant le sommeil profond, les cinq sens s'arrêtent. Même si les paupières s'ouvrent pendant le sommeil, le sujet ne voit pas. » Les chercheurs ont pu vérifier que l'ouïe, le goût, l'odorat et le toucher sont également inactifs pendant le sommeil. Cette équipe rend ainsi compte de l'expérience : « Pendant le sommeil profond, la stimulation atteint le cerveau, mais n'entraîne aucune réaction nerveuse, la conscience est inactive. »

Sur le mouvement de consciences

« Les huit consciences fonctionnent en discernant ou en étant discernées. »

La sixième conscience analyse les renseignements reçus par les cinq sens et est elle-même analysée par la septième conscience.

« Le monde extérieur est créé par les huit consciences, il n'est pas substantiel. Donc, il n'y a que la conscience dans toutes les existences de ce monde. »

Cela ne veut pas dire que le *yuishiki* nie les choses de l'extérieur mais simplement leur reflet dans le cœur de chaque personne. Chacun voit différemment les mêmes choses de l'extérieur, parce que ce que nous considérons comme existentiel est discerné par nos huit consciences personnelles. Par exemple, l'homme voit l'eau et il l'appelle l'eau. Mais, pour les poissons, il

1. D'après l'article du journal *Asahi* du 21 avril 2005.

s'agit de leur milieu vital. Donc, ce que l'homme perçoit comme « eau » par ses consciences n'est pas substantiel. L'eau est ce que les consciences de l'homme ont créé.

« Les semences conservées dans l'*arayashiki* créent toutes les choses et les phénomènes. Le cœur de l'homme s'active sans cesse suivant le changement de combinaison entre ses semences. La condition extérieure est l'effet produit. »

L'homme existe maintenant, il est lié au temps et à l'espace. Le lien au temps signifie que la vie de l'homme remonte au début de l'univers. Autrement dit, notre vie actuelle porte l'histoire de la vie depuis quatre milliards d'années. Le lien à l'espace signifie que notre vie est unie à l'immensité de l'univers. Cette vie ancestrale contenue dans l'*arayashiki* anime les élans de notre cœur. Ces mouvements ressemblent au scintillement des étoiles dans l'univers.

À propos du soi dans l'écoulement du temps

« Les semences d'action, de parole et de pensée qui façonnent un individu accompagnent celles de son égoïsme inné, de ses expériences, de ses impressions et des concepts qu'il a accumulés. Elles naissent, disparaissent et renaissent. Ainsi le « soi » d'aujourd'hui est lié à celui de demain. »

Ces diverses sortes de semences qui interagissent forment la personnalité de l'homme. À chaque semence du passé que le cœur épuise, une nouvelle semence vient s'ajouter au fond du cœur. Ainsi, le cycle des existences de l'homme est sans limite. Ces semences sont la cause de la répétition du cycle des vies et des morts.

Mais que sont la vie et la mort ? Chaque personne vit à travers des relations et des rencontres successives avec les autres. La vie humaine se déroule en portant ses semences. Quand nous mourrons, nos semences ne disparaissent pas. Elles deviennent l'énergie nécessaire pour créer une autre vie. Cette énergie prend elle-même la forme d'une semence innée, la semence originelle d'un nouvel individu. Il n'y a aucune semence originelle qui soit la même, à la façon de notre génome. Suivant les renseignements enregistrés dans cette semence innée, une nouvelle vie est fixée. Cette nouvelle vie participe à la répétition des naissances et des morts, du passé, du présent et de l'avenir, à travers les six mondes de l'illusion que sont les enfers, les esprits affamés, les animaux, les esprits combattants, les hommes et les dieux.

Alors, qu'est-ce que le soi ? Le *yuishiki* répond que le soi est composé des cinq sens, de la sixième conscience, de la septième conscience, de la huitième conscience et des cinquante et un élans du cœur (*kokorono sayou*).

Divergence entre le monde profane et le bouddhisme

« Les cinq organes sensoriels de l'homme analysent notre environnement. »

Ainsi, les yeux regardent la forme ou la couleur d'un objet, mais ne voient pas le son. Les oreilles écoutent le son, mais ne voient pas la couleur. Par conséquent, le *yuishiki* affirme que chaque sens discerne l'objet dans son domaine respectif.

Les cinq sens et la sixième conscience fonctionnent ensemble pour nous permettre de comprendre l'univers matériel qui nous entoure. Mais l'homme reste tout de même limité dans sa reconnaissance du monde par ses cinq sens et sa sixième conscience.

« L'homme voit des choses par ses yeux et ses consciences. Il les discrimine par son discernement, mais ces choses regardées selon la subjectivité de chacun n'existent pas. L'homme ne voit que l'illusion qu'il a fabriquée. Donc, toutes ces choses n'ont pas de substance. Tout dépend de la causalité. »

Par cette phrase, le *Yuishiki 30 ju* décrit le soi dans l'égarement. L'homme profane ne peut pas comprendre que son existence et sa compréhension naissent avec une cause (*en*) et meurent avec une autre. Rien n'a de substance. L'homme nourrit une illusion sur les choses en pensant qu'elles ont une substance et dureront éternellement. C'est ainsi qu'il croit discerner les éléments du monde. L'homme a le cœur rempli d'illusions, que l'on nomme, en termes bouddhiques japonais, *hengeshoshusho*. Ce cœur qui discerne provient de la sixième et de la septième conscience.

« Le monde selon la causalité (*etakisho*) est un monde limité. Si la cause disparaît, ce monde aussi disparaît. Par contre, le monde de l'éveil ne connaît ni début ni fin, c'est le monde de la vacuité. On l'appelle *enjojitsusho* (la vérité). [...] Il y a une différence entre la vérité et le monde créé par la causalité. En même temps, ce ne sont pas deux mondes différents, parce que l'on atteint l'éveil à partir du monde des illusions où nous vivons. »

Autrement dit, la vérité bouddhique existe dans le monde de la réalité, qui répète sans cesse la naissance et la mort des choses, suivant la théorie de la causalité. Par exemple, « la fleur qui s'épanouit et fane » réalise l'*etakisho*, parce que d'abord la semence (*in* ou la cause) germe grâce aux diverses conditions extérieures telles qu'une température adéquate, les rayons du soleil, etc. Puis, après la disparition des diverses conditions, la fleur tombe. Donc, la réalité selon laquelle « la fleur s'épanouit et fane » se trouve dans la théorie de l'impermanence (*enjojitsusho*). La relation entre l'*enjojtsusho* et l'*etaikisho* n'est ni différente ni égale.

Donc, si l'homme n'atteint pas l'éveil (*enjojitsusho*), il ne pourra jamais se connaître lui-même, car son existence est limitée et il a tendance à s'égarer. Cela signifie qu'à moins de rencontrer le Bouddha, on ne sait pas qu'on est limité.

« Le bouddha Sakyamuni prêche : Il ne faut ni penser que toute chose a une substance, ni penser qu'elle n'en a pas. »

Le *Yuishiki 30 ju* rapporte certains des points les plus fondamentaux de l'enseignement bouddhique : la vacuité et la voie du milieu. Mais l'homme est trop attaché aux choses existantes pour pouvoir s'intéresser à ce qui n'a pas d'existence. Le Bouddha Sakyamuni a ainsi dû mettre l'accent sur le vide. Suivant la théorie de la causalité, « cette chose existe là maintenant » est le point de vue de l'*etakisho* qui se focalise sur l'existence. Par contre, penser que, quand la cause et les conditions ne sont plus réunies, la chose disparaît, donc qu'elle n'est pas substantielle, est le point de vue de l'*enjojitsusho*, qui se fonde sur le vide.

« Le vrai caractère des choses est la vérité. La vérité du *yuishiki* va au-delà des idées fixes. C'est le *yuishiki* qui ne considère aucune idée, aucun enseignement ou idéologie comme unique et absolument vrai. »

Atteindre l'éveil : La pratique des exercices pour y parvenir

Le *Yuishiki* explique que l'homme, qui possède originellement le génie ainsi que la capacité pour devenir un bouddha, doit cumuler les exercices bouddhiques, non seulement dans ce monde présent mais aussi dans ses prochaines vies, avant de parvenir enfin à l'état de bouddha. Ce point de vue du *Yuishiki* est tout à fait différent des autres écoles bouddhiques qui affirment que tout le monde a originellement la nature du bouddha au fond du cœur et que tout le monde peut arriver à l'éveil par les exercices bouddhiques.

« Au stade où le pratiquant ne cherche pas à savoir la vérité du *Yuishiki*, il ne peut pas encore détruire les semences de son égoïsme qui dorment dans son *arayashiki*. »

Les exercices du *Yuishiki* se pratiquent en suivant cinq degrés : premièrement, au degré de *shiryoi*, l'homme n'a pas l'intention d'arriver à l'éveil, mais il possède les connaissances intellectuelles du *Yuishiki*. Dans ce premier état, les mauvaises semences égoïstes du pratiquant dorment dans son *arayashiki*. Elles ne peuvent pas disparaître. Il recule souvent devant la difficulté des exercices, il s'ennuie ou plonge dans le désespoir. Dans ces moments, pour qu'il ne perde pas courage, le *Yuishiki* recommande de penser aux saints qui sont parvenus à l'éveil, de se souvenir de son point de départ ou de se rendre compte combien la vertu des bouddhas est excellente.

Quels exercices doit-il pratiquer ? Premièrement, le pratiquant doit pratiquer les six perfections (*rokuharamitsu*) le long de son chemin vers l'éveil suprême. Les six perfections (*rokuharamitsu*) sont les suivantes :

1. Le don (*fuse*), qui inclut les dons de bien matériels, l'enseignement de la Loi du Bouddha et le don de la paix de l'esprit tel qu'offrir un sourire aux autres.
2. La moralité (*jikai*) ou la pratique fidèle de tous les préceptes.
3. La patience (*ninniku*) ou l'endurance paisible même dans la persécution ou la maladie.
4. L'énergie (*shojin*) ou l'effort constant pour promouvoir le bien.
5. La concentration ou le recueillement de l'esprit (*zenjo*).
6. La sagesse (*chie*) qui consiste en une intuition qui éclaire la vérité ultime des choses.

Deuxièmement, on ne peut pas expliquer complètement le vrai sens du *yuishiki* avec des mots, car la compréhension du *yuishiki* doit se faire par l'expérience. Le *yuishiki* n'est pas un objet d'explication. Autrement dit, les vérités bouddhiques telles que le soi sans ego, l'impermanence, la vacuité ne peuvent pas être compris à travers des mots ou des jugements de valeur. Si l'on ne s'unit pas à ces vérités, on ne peut pas les comprendre.

La structure de compréhension se compose de celui qui voit l'objet et de l'objet qu'on voit. L'homme voit une chose à travers ses points de vue, ses mots, ses expériences. Donc la vérité n'est pas révélée. À moins de détruire le soi qui pense à quelque chose ou le soi qui n'a pas de cœur vide, qui est le soi purifié, l'homme ne pourra pas voir la vérité. Si l'on ne rejette pas les idées préconçues que l'on a accumulées et si l'on n'a pas fait l'expérience du *yuishiki*, on ne pourra pas comprendre la vérité du *yuishiki*.

Troisièmement, au cours des exercices bouddhiques, le pratiquant sent par l'intuition que son existence est vacuité, autrement dit, le pratiquant peut s'unir à la vérité bouddhique, alors qu'au deuxième degré, il ne comprenait la vérité qu'intellectuellement, en considérant le *yuishiki* comme existant hors de lui-même. À ce moment, la sagesse née de l'éveil se révèle dans le soi et l'égoïsme accumulé au fil des années peut soudain disparaître, comme lorsqu'on fait exploser une roche. C'est un changement brusque et total au cours de la vie. Ce n'est ni une expérience mystique, ni un état de visions. Malgré cela, l'égoïsme inné ne disparaît pas encore.

Pour chasser l'égoïsme, il faut pratiquer très longtemps les exercices bouddhiques, un nombre astronomique (*asogiko*) de répétitions à travers les naissances et les morts. Au fur et à mesure que le vrai soi, la nature du bouddha ou la semence de la bouddéité se révèle dans le cœur du pratiquant, celui-ci peut sentir la souffrance des autres, c'est là que la grande compassion naît chez le pratiquant.

Si l'accumulation de semences pures est une cause directe d'atteinte de l'éveil, même une semence polluée par le *manashiki* peut stimuler la semence du bouddha que l'homme porte originellement au fond de son cœur depuis sa naissance. C'est la cause indirecte de l'éveil qui permet à l'homme de sortir du cycle des naissances et des morts. Écouter la Loi du Bouddha devient une cause directe ou indirecte d'atteinte de l'éveil.

La semence du Bouddha

Le zen considère la semence de bouddha comme la nature de bouddha. Les exercices zen tels que la méditation ont pour but de révéler chez l'homme la nature de bouddha.

Le *Yuishiki* affirme que, parmi les hommes, il y en a qui ne possèdent pas cette semence originelle. Ces personnes sont égocentriques et habiles pour justifier leur opinion ; de ce fait elles ne pourront jamais atteindre la bouddhéité. Mais il n'est pas inutile de leur faire entendre la Loi bouddhique, car cette écoute leur permet d'ouvrir leur esprit à une autre opinion que la leur.

Au quatrième degré, le pratiquant perfectionne la grande sagesse (*mufunbetsu-chi*) obtenue au troisième degré dans sa vie quotidienne. Le résultat est que l'énergie des semences d'égoïsme diminuera. Autrement dit, la force égoïste collée au fond de lui-même décline. Au début, tantôt elle disparaît, tantôt elle réapparaît, mais l'énergie des semences d'égoïsme s'affaiblira de plus en plus. Cependant, les semences restent encore dans la huitième conscience. Ce n'est qu'au cinquième degré que les semences d'ego disparaissent complètement. La grande sagesse sans pollution par l'égoïsme et sans discrimination permet de diminuer l'énergie égoïste chez le pratiquant. Tandis que la sagesse de la vérité, la vacuité, le sans-ego et l'impermanence se développent, la force de la semence d'égoïsme diminue automatiquement. Le soi qui s'égarait se change en soi qui va vers l'éveil.

Pour achever les exercices du premier degré et du deuxième degré, il faut un temps incalculable. Pour le troisième et quatrième degré, il faut deux fois plus de temps que pour les premier et deuxième degrés.

Les exercices bouddhiques permettent au pratiquant de changer ses huit consciences : la huitième conscience se transforme en conscience remplie de sagesse comme un miroir qui reflète la Loi (*daienkyochi*). La septième conscience, origine de l'égoïsme, se change en conscience qui ne discrimine plus les êtres et qui leur porte une affection impartiale (*byodoshochi*). La sixième conscience devient une conscience pleine de sagesse qui observe tous les êtres et toutes les choses profondément et minutieusement (*myo-kansatsuchi*). Les cinq sens se mettent à agir pour le bénéfice des êtres (*jyoshosachi*).

Le dernier stade est l'état de bouddha dans lequel il n'y a jamais d'égotisme. Malgré son effort pour le dissimuler, l'égotisme a toujours tendance à échapper à la vigilance du pratiquant pour apparaître aux yeux des autres jusqu'à ce que l'*arayashiki* du pratiquant ne renferme plus aucune trace d'égoïsme. Cet état de bouddha est si merveilleux qu'on ne peut l'expliquer par aucun mot ni aucune notion. C'est le monde du bien-être uni à la vérité. Le pratiquant qui s'est complètement libéré de son égoïsme devient un saint qu'on désigne par « corps d'essence du bouddha (*Hosshin)* » ou l'absolu ineffable. Nous ne pouvons accéder à cet état que par l'expérience personnelle de notre cœur.

« Ainsi, on a élucidé l'essence du *yuishiki* ainsi que l'aspect de la réalité du cœur humain suivant l'enseignement saint et la raison véritable. Transmettons tout le mérite que l'on a obtenu par le *yuishiki* aux autres ! Tournons-nous ensemble dès maintenant vers l'éveil ! »

ÔJÔYÔSHU

Le *compendium* de la doctrine de l'enfer jusqu'à la Terre pure

Introduction à l'*Ôjôyôshu*

Le *Yuishiki,* que nous venons de voir dans les pages précédentes, constitue la théorie bouddhique de l'école Hosso. Atteindre l'état de bouddha par son enseignement est très long et c'est là son point faible.

Le moine Hônen, qui avait étudié le bouddhisme de l'école Tendai sur le mont Hiei, s'intéressa au *Yuishiki* à Nara. Il se posa alors la question suivante : « Est-il possible que le profane puisse rejoindre la terre bouddhique ? »

Il comprit que l'enseignement du Tendai n'expliquait pas bien le Corps de bouddha ni la Terre du Bouddha, à la différence du *Yuishiki* qui, lui, les analysait bien. Mais il comprit aussi que le profane ne parviendrait pas à l'éveil par le *Yuishiki* et que ce dernier niait que le profane puisse rejoindre le pays du Bouddha. Tout en continuant sa quête, Hônen s'intéressa à l'*Ôjôyôshu*, du moine japonais Genshin (942-1017), qui eut une grande influence sur lui.

Il continua néanmoins de chercher l'éveil en étudiant les livres concernant la Terre pure. Il finit par lire le *Kangyosho*, œuvre du moine chinois Zendo. Dans cet ouvrage, Zendo invite les croyants à cultiver un esprit sincère et à être convaincus profondément que chacun mérite de renaître en Terre pure. Hônen devint alors un fidèle de l'enseignement de la Terre pure. Dans le sutra *Kanmuryojukyo*, il trouva cette phrase : « Le Bouddha Sakyamuni promit à la reine Idaike que même les hommes ayant cumulé de nombreuses mauvaises actions telles que tuer, voler, commettre un adultère, mentir ou dire des sottises, pourraient atteindre la Terre pure s'ils récitaient le nom du bouddha Amida dix fois. »

En 1175, Hônen, avait quarante-trois ans. Il était enfin convaincu du salut que confère Amida, qui enseigne : « Invoquer et réciter sans cesse le nom du bouddha Amida, en désirant sincèrement renaître en Terre pure, en manifestant une foi profonde et de la reconnaissance envers Amida, permet à tous les êtres de gagner la Terre pure. » Il sut dorénavant qu'il fallait abandonner toutes les pratiques de la voie des saints que le *Yuishiki* indiquait et se fier entièrement à une seule pratique, la seule qui soit correcte, c'est-à-dire la récitation du nom d'Amida.

C'est à cette époque, il rencontra un moine nommé Yurenbo Ensho, de six ans son cadet, malade. Ce moine reçut l'enseignement de Hônen et le mit en pratique, récitant sans cesse le nom d'Amida. La pratique du *nembutsu* lui permit de voir la même Terre pure que celle décrite dans le sutra d'Amida. Considérant cela, Hônen prit confiance et se décida à propager les enseignements de sa nouvelle école. Il ouvrit une salle de récitation à Higashiyama (Kyoto). Comme Yurenbo Ensho, Hônen lui-même vit la Terre pure quelques jours avant d'expirer. Hônen fit écrire ce fait à ses disciples dans son journal.

Mais revenons à l'*Ôjôyôshu*. Son auteur, Genshin ou Eshin sozu (942-1017), était un moine de l'école Tendai du mont Hiei. Son chef d'œuvre, l'*Ôjôyôshu*, est un *compendium* de la doctrine de l'enfer jusqu'à la Terre pure, avec une description des scènes de chaque monde, la raison qui fait naître dans chaque destinée et les exercices à pratiquer pour parvenir à la Terre pure. Pour écrire ce livre, Genshin, qui était un érudit, choisit les parties concernant la Terre pure dans de nombreux sutras. Il commença ainsi à passer pour le promoteur de la dévotion particulière au bouddha Amida, dont se réclamera plus tard Hônen, le fondateur de l'école Jôdo.

L'*Ôjôyôshu*

« L'enseignement et la pratique qui permettent de renaître dans la Terre pure sont comme les yeux et les pieds qui mènent à l'éveil suprême les êtres vivants durant la Période de la fin de la Loi, pleine de taches et de péchés. Quelles que soient les personnes, moines, laïcs, nobles ou parias, en est-il un qui ne veuille suivre cette voie ?

Pourtant les enseignements du *Kengyo*, des doctrines exotériques, du *Mikkyo* ou de la doctrine ésotérique ne sont pas les mêmes. Par ailleurs, dans la contemplation de la Loi, dans celle des aspects phénoménologiques du bouddha Amida et dans celle de la réalité absolue au-delà de toute forme, il existe différents types de pratiques.

Quant aux hommes de brillante intelligence, qui peuvent sans cesse déployer une grande énergie, ils n'éprouvent pas de souffrance dans la pratique des exercices bouddhiques. Mais, moi, homme si sot, comment pourrais-je les endurer et les accomplir ?

Je vais donc compiler, selon l'école du *nembutsu*, des extraits choisis des sutras et des sastras. Si l'on étudie ce livre en profondeur, on pourra aisément comprendre l'enseignement pour renaître dans la Terre pure et apaiser la souffrance résultant de la pratique des exercices.

Cet ouvrage en trois volumes comporte dix parties :

- Renoncer avec dégoût à ce monde impur (*Onri-edo*) ;
- Désir de se rendre dans la Terre pure (*Gongu-jodo*) ;
- Preuve de l'existence de la Terre pure ;
- Pratique correcte du *nembutsu* ;
- Exercices auxiliaires du *nembutsu* ;
- Pratique du *nembutsu* lors de moments spéciaux ;
- Profit tiré du *nembutsu* ;
- Preuve de l'existence du *nembutsu* ;
- Pratique des exercices pour renaître dans la Terre pure ;
- Interprétation par questions et réponses.

Gardez ce livre à portée de main, afin de ne pas l'oublier. »

Première partie

Onri-Edo, ou renoncer avec dégoût à ce monde impur

Dès que l'homme naît dans ce monde, il connaît sans cesse des douleurs, car le triple monde[1] est rempli de souffrances. Dès lors, l'homme ne peut vivre en paix, il faut donc le quitter avec dégoût. Pour présenter

1. Le triple monde est ce monde dans lequel les êtres vivants sont sujets au cycle des naissances et des morts.

les aspects de ce monde impur, on distinguera sept chapitres :

- Les enfers ;
- Les esprits faméliques ;
- Les animaux ;
- Les esprits combattants ou *asura* ;
- Les hommes ;
- Les dieux ;
- Conclusion.

Les enfers

Ils sont au nombre de huit :

1. L'enfer vivant ;
2. L'enfer au cordeau noir ;
3. L'enfer contondant ;
4. L'enfer hurlant ;
5. L'enfer grand-hurlant ;
6. L'enfer chauffant ;
7. L'enfer surchauffant ;
8. L'enfer sans refuge.

L'enfer vivant

Cet enfer se trouve à 1 000 *yojana* (entre 11 000 km et 14 500 km) sous notre terre. Sa superficie est de 10 000 *yojana*. Dans cet enfer, les damnés éprouvent une certaine hospitalité les uns envers les autres. À peine leurs regards se croisent-ils que se déroule un spectacle semblable à celui qu'offre le chasseur qui trouve un cerf : ils s'égratignent et se déchirent de leurs ongles de fer. Quand ils se sont sucé le sang, quand ils se sont dévoré les chairs les uns les autres, il ne leur reste finalement que les os.

Ou bien, les gardiens de cet enfer, tenant une barre ou une canne de fer, frappent avec ces armes les damnés, de la tête aux pieds, et réduisent finalement leurs corps ainsi déchirés en morceaux, comme des mottes.

Ou alors, ils coupent leurs chairs en morceaux avec le tranchant effilé d'un sabre. Ils ressemblent à des cuisiniers qui coupent du poisson ou de la viande. Cependant, aussitôt qu'un vent froid souffle, ces damnés débités en morceaux renaissent, se lèvent et subissent à nouveau les mêmes tourments.

Ou encore, on entend une voix au milieu des airs, qui dit : « Que ces êtres ressuscitent ! » Parfois, les gardiens frappent la terre de leur barre de fer et disent : « Ressuscitez ! Ressuscitez ! » Ainsi les chairs des condamnés, découpées en morceaux, reprennent-elles leur forme primitive…

On ne peut décrire en détails de telles souffrances. [1]

Un jour et une nuit du monde des quatre dieux gardiens (le ciel *shitenno*) correspondent à cinquante années du monde des hommes. Les longévités dans le monde des dieux gardiens sont de 500 ans dans le temps de ce monde des dieux, qui n'égalent qu'un jour et une nuit de l'enfer. En outre, la longévité dans cet enfer est de 500 ans dans le temps de cet enfer. Ceux qui ont tué des hommes tombent dans cet enfer[2].

1. Ces textes sont extraits du *Chidoron*, du *Yugaron* et du *Shokyoyoshu*.

2. Les chiffres de longévité donnés ci-dessus se fondent sur le *Kusha* ; et l'explication des causes karmiques, sur le *Shobonen-gyo*, il en ira de même dans la description des six enfers suivants. Dans le sutra *Ubasokukaikyo*, on explique qu'une vie dans un monde des dieux correspond à un jour et une nuit d'un enfer. Ici, on s'en tient à cette règle.

À l'extérieur des quatre portes de cet enfer sont disposés seize enfers annexes.

Le premier enfer annexe porte le nom de Shidei-sho. S'y trouve un étang rempli d'excréments brûlants au goût très amer, dans lequel fourmillent des insectes au bec dur comme le diamant. Quand les criminels veulent goûter les excréments chauds, les insectes se précipitent en masse pour les dévorer. Ils mangent leur chair en déchirant leur peau, puis sucent leur moelle en brisant les os.

Ceux qui aimaient tuer les cerfs et les oiseaux dans leur existence antérieure tombent dans cet enfer annexe.

Le second enfer annexe est le Torin-sho. Il est entouré de murs de fer dont la hauteur est de dix *yojana*. Un feu violent y brûle toujours. Dès que les damnés touchent à ce feu, leurs corps se brisent en mille morceaux comme des graines de pavot. La pluie de fer brûlant de cet enfer tombe sans cesse.

Si l'on compare ce feu d'enfer brûlant au feu du monde humain, celui-ci est comme la neige.

On y trouve également la forêt des épées dont les tranchants sont très coupants. Quand les damnés touchent ces tranchants, leurs corps sont mis en pièces. Il existe aussi un lieu où les tranchants tombent comme la pluie. Les souffrances que les condamnés doivent endurer sont insupportables. Ceux qui ont autrefois tué des êtres vivants par avidité tombent dans cet enfer annexe.

Le troisième enfer annexe porte le nom de Oujukusho. C'est un endroit où les bourreaux se saisissent des criminels et les mettent dans une jarre de fer dans laquelle ils les font griller lentement comme du soja.

Ceux qui ont autrefois tué des êtres vivants par avidité peuvent tomber dans cet enfer annexe.

Le quatrième enfer annexe se nomme Takusho. Tous ceux qui ont autrefois tourmenté des hommes, par exemple, qui les ont liés avec une corde, qui les ont frappés avec un bâton, qui les ont chassés dans un pays lointain, qui les ont fait tomber dans un précipice, qui les ont fait souffrir par le feu ou qui ont effrayé des enfants tombent dans cet enfer.

Le cinquième enfer annexe est l'Anmyosho, où l'obscurité dans laquelle les damnés sont sans cesse brûlés par un feu obscur. Un vent furieux souffle contre des montagnes en diamant. Les condamnés sont poussés contre les montagnes et mis en pièces ; c'est comme si le grand vent soulevait un nuage de poussière. Ou bien ils sont brûlés par le vent chaud, comme s'ils étaient hachés avec un sabre bien aiguisé. Ces malheureux, au cours de leur vie antérieure, ont pu étouffer des moutons, en leur fermant la gueule et le museau, ou bien ils ont écrasé des tortues en les coinçant entre deux tuiles. Ils tombent dans cet enfer annexe à cause de ces actions.

Le sixième enfer annexe est le Fukisho ou l'enfer qui est jour et nuit la proie des flammes. Des oiseaux au bec étrange, d'où jaillissent des flammes, y habitent. L'aboiement des chiens et le glapissement menaçant des renards créent une atmosphère effrayante. Chiens et renards se précipitent soudain sur les damnés. Ils dévorent leurs corps et leurs os. Des insectes à la gueule dure comme le diamant entrent et sortent des os des damnés, dévorant leur moelle.

Ceux qui, dans leur vie antérieure, ont tué des oiseaux et des animaux en jouant de la conque ou du *tsuzumi* (petit tambour japonais) tombent dans cet enfer.

Le septième enfer annexe est le Gokukusho. Situé au pied d'une montagne escarpée, les damnés y sont précipités pour être brûlés par un feu rougeoyant. Ceux qui, en proie à leurs passions, ont tué dans leur vie antérieure des êtres vivants tombent dans cet enfer annexe[1].

L'enfer au cordeau noir

Cet enfer est situé sous l'enfer vivant. Sa superficie est la même que celle de l'enfer vivant. Les gardiens de cet enfer empoignent les damnés et les couchent sur un sol de fer chaud. Puis ils leur appliquent un cordeau noir de fer chaud, leur marquent des lignes sur le corps et les découpent selon ces traces avec une hache de fer chaud. Ils peuvent également les amputer à la scie de fer ou les découper à l'épée. Ils les taillent en mille pièces qu'ils jettent çà et là. Ou bien les gardiens pendent en les croisant des cordeaux de fer chaud et ils forcent les damnés à s'y jeter. À ce moment, un vent souffle violemment, qui les fait s'enlacer aux cordeaux de fer chaud. Leurs chairs et leurs os sont brûlés, les plongeant dans une extrême souffrance[2]. Ou bien encore, des deux côtés de cet enfer, se trouvent de grandes montagnes de fer où s'élève, au sommet de

1. Ces descriptions se fondent sur le sutra intitulé *Shobonengyo*. Quant aux neuf autres enfers annexes, ils ne sont point décrits dans les sutras.
2. Cette description se fonde sur le *Yugaron* et le *Chidoron*.

chacune, un drapeau de fer : les pointes des drapeaux sont reliées par une corde de fer. Sous cette corde, il y a de nombreuses marmites emplies d'eau bouillante. Les gardiens font porter aux damnés des fagots de fer sur leur dos et les font marcher sur la corde. Puis ils les font tomber dans les marmites où les damnés sont broyés et cuits[1].

Dans cet enfer au cordeau noir les damnés éprouvent une douleur dix fois plus forte que dans l'enfer vivant et dans ses seize enfers annexes. Les gardiens les réprimandent : « Le cœur est à l'origine du mal. Il lie les hommes et les envoie face au roi de l'enfer. Vous êtes brûlés par le feu de l'enfer et dévorés à cause de vos mauvaises actions. Même vos parents, femme, enfants et frères ne peuvent vous sauver ! » En outre, ils prêchent sur divers sujets. Ainsi pouvons-nous imaginer que les douleurs subies dans les cinq autres enfers sont encore plus fortes que celles rapportées plus haut[2].

Un jour et une nuit dans le ciel de Tori correspondent à cent années chez les hommes. La longévité au ciel de Tori est de mille ans, mais ce n'est qu'un jour et une nuit dans cet enfer. En outre, la longévité dans cet enfer est de mille ans. Ceux qui ont tué des êtres vivants et volé les biens d'autrui tombent dans cet enfer.

Il existe également un enfer spécial nommé Tokanjyukusho. Les bourreaux forcent les damnés à monter au bord d'un très haut précipice et les y lient avec un cordeau noir brûlant. Puis ils les poussent sur le sol incandescent où se dressent de nombreuses pointes de lances. À ce moment-là, des chiens aux corps de fer rouge se précipitent sur eux et les dévorent. Leurs

1. D'après le *Kanbutsuzanmaikyo*.
2. Cette description est un résumé du *Shobonengyo*.

corps sont alors entièrement déchirés. Les damnés ont beau crier très fort, personne ne les sauve. Ce sont des hommes qui, dans une vie antérieure, ont prêché l'enseignement en se basant sur des vues fausses, n'ont jamais été sincères ou se sont suicidés sans réfléchir, en se jetant à la mer.

Un autre enfer spécial nommé Izyusho existe aussi. Les bourreaux attaquent les damnés par surprise avec un bâton ; ils les pourchassent jour et nuit à coups de sabre de fer brûlant ou leur tirent des flèches avec un arc afin de les tuer. Ces damnés sont ceux qui, dans leur vie antérieure, poussés par une dévorante avarice, ont tué des hommes, les ont liés avec une corde et leur ont extorqué de la nourriture[1].

3. L'enfer contondant

Cet enfer se trouve sous l'enfer au cordeau noir. Sa superficie est la même que celle de l'enfer précédent. Beaucoup de montagnes de fer escarpées s'y dressent face à face, dans lesquelles des gardiens bizarres, qui ont la forme d'une tête de bœuf ou de cheval, font entrer les damnés à coups d'instruments de torture ou de fouet. À ce moment, les montagnes sur les deux côtés se rapprochent et écrasent les damnés, dont le corps est déchiré et dont le sang coule au point d'inonder le sol. Des montagnes de fer peuvent aussi tomber du ciel et frapper les damnés, lesquels sont réduits en poussière et deviennent semblables à la masse d'un sabre.

Ou bien les gardiens placent les damnés sur des pierres et les écrasent sous des poids de pierres. Ils peuvent aussi les broyer dans une meule de fer. Des

1. Ces descriptions sont tirées du sutra *Shobonengyo*.

ogres atroces, diverses sortes de bêtes en fer rouge, comme des lions, des tigres ou des loups, et des oiseaux tels des cordeaux ou des aigles se précipitent sur les damnés pour les manger ou les becqueter[1].

Ou il y a des aigles dont le bec de fer rouge lance sans cesse des flammes, tire les entrailles des damnés et accroche leur corps à la cime des arbres pour les manger plus tard.

Là-bas se trouve un grand fleuve dans lequel se trouvent des crochets de fer couverts de flammes. Les gardiens attrapent les damnés et les jettent dans ce fleuve. Il y a parfois des nappes stagnantes de cuivre en fusion dans lequel les damnés sont coulés. Les uns surnagent à demi, ce qui rappelle le lever du soleil. Les autres coulent comme de lourdes pierres. Certains damnés implorent le secours du ciel en levant les mains. Et il y a ceux qui s'approchent les uns des autres et pleurent ensemble. Ainsi subissent-ils longtemps une grande souffrance, sans aucun secours.

De plus, les gardiens saisissent les damnés et les placent dans l'enfer de la forêt des arbres aux feuilles épineuses. Au sommet de ces arbres se trouvent de jolies femmes vêtues des plus beaux habits. Aussitôt que les damnés les aperçoivent, ils grimpent aux arbres. Quand ils montent, les épines des feuilles leur blessent tout le corps et déchiquettent complètement leurs muscles. Quand les damnés, au corps déchiré en lambeaux, parviennent au sommet, ils voient les femmes qui se tiennent alors au pied des arbres et qui les invitent avec des œillades enjôleuses : « Je suis ici pour vous aimer. Pourquoi ne venez-vous pas vers moi pour m'embrasser ? » Après les avoir vues, les damnés, consumés de désir, commencent à redescendre

1. D'après le *Yugaron* et le *Dairon*.

et les épines des feuilles, tels des rasoirs, se dressent alors et déchirent leurs corps. Quand ils arrivent au sol, les femmes se trouvent de nouveau au sommet et ils tentent d'y remonter. C'est une fausse passion issue de leur propre cœur qui les force ainsi à errer durant d'innombrables années dans l'enfer pour y être brûlés.

Les gardiens sermonnent les damnés et disent, récitant cet hymne :

« Ces souffrances que tu subis,
Ne sont que la rétribution de tes mauvaises actions.
Tu la mérites,
Tu ne peux l'éviter,
Il en va de même pour tous les êtres[1]. »

Un jour et une nuit dans le ciel de Yama correspondent à deux cents années dans le monde des hommes. La longévité dans le ciel de Yama est de deux mille ans, qui n'égalent qu'un jour et une nuit de cet enfer. Et la longévité dans cet enfer est de deux mille ans. Ceux qui ont tué, volé ou commis l'adultère avec la femme d'autrui tombent dans cet enfer.

Ce grand enfer possède seize enfers spéciaux, dont celui qui est nommé Akukensho. Les hommes qui, en forçant l'enfant d'autrui à avoir une liaison criminelle, l'ont fait crier et pleurer, y tombent pour endurer un terrible tourment : ils voient leurs propres enfants tomber aussi dans cet enfer. Les gardiens percent le sexe de ceux-ci d'un coup de bâton de fer ou de bois, ou y enfoncent un clou. À ce terrible spectacle, les hommes tombent dans un accès de chagrin tel qu'ils ne peuvent l'endurer. S'ils étaient eux-mêmes brûlés par le feu, leur souffrance n'atteindrait même pas le seizième de

1. D'après le *Shobonengyo*.

celle qu'ils éprouvent à la vue des souffrances de leurs enfants.

Après avoir souffert dans leur cœur, ils éprouvent de nouveau la douleur du corps : les gardiens placent les hommes pieds en haute tête en bas et leur versent du cuivre fondu dans l'anus. Le cuivre liquide pénètre dans le ventre et le brûle ; après avoir lentement consumé les cinq viscères, il ressort par la bouche. Ainsi subissent-ils toutes les douleurs du corps et du cœur, lesquelles durent d'innombrables années…

4. L'enfer hurlant

Cet enfer se trouve sous l'enfer contondant. Sa superficie est identique à celle de l'enfer contondant. Les gardiens, à la tête jaune comme de l'or, sont vêtus d'habits rouges ; leur marche est rapide comme le vent ; leur bouche émet de terribles sons. Ils lancent des flèches sur les damnés. Tremblant de peur, ceux-ci cognent leur tête contre le sol et demandent pardon aux gardiens : « Laissez-nous un moment, pitié pour nous ! » Mais la colère des gardiens ne fait qu'augmenter[1].

Ou bien les gardiens leur frappent la tête avec des barres de fer et ils les jettent dans une casserole d'eau bouillante ou les font rôtir en retournant leurs corps. Ou encore, ils les jettent dans une marmite pour les y faire bouillir. Parfois, les gardiens les forcent à entrer dans une chambre en fer brûlant. Ils peuvent aussi leur écarter la bouche avec des ciseaux et y verser du cuivre en fusion. Ce cuivre descend dans leurs viscères et les consume. Le cuivre fondu, après avoir brûlé les cinq

1. D'après le *Dai-ron*.

viscères, sort en coulant par leur anus[1]. Les damnés récitent une poésie aux gardiens, avec amertume :

« Pourquoi ne compatissez-vous pas ?
Pourquoi vous démenez-vous pour infliger des peines aux damnés ? »

Et les gardiens de répondre :

« Vous avez commis dans votre vie antérieure,
Pris au piège des passions, des actes mauvais.
Maintenant, vous recevez la rétribution de vos mauvaises actions.
Pourquoi ces lamentations, cette rancœur contre nous ? »

Ils ajoutent :

« Vous avez commis naguère des actions mauvaises
Et étiez enivrés de vos passions.
Pourquoi n'avez-vous pas éprouvé de regret en ce temps-là ?
Il ne sert à rien de se repentir à présent[2]. »

Un jour et une nuit dans le ciel de Tosotsu correspondent à 400 années chez les hommes. La longévité dans le ciel Tosotsu est de 4 000 ans, qui n'égalent qu'un jour et une nuit dans cet enfer. Ceux qui ont tué, commis l'adultère et bu du saké tombent dans cet enfer.

Il comporte par ailleurs seize enfers annexes, dont l'un est nommé *Kamatsusho*. Ceux qui ont autrefois

1. D'après le *Yuga-ron* et le *Dai-ron*.
2. D'après le *Shobonengyo*.

vendu du saké coupé d'eau tombent dans cet enfer. Ils y souffrent de 404 maladies dont une seul fait mourir, en un seul jour et une seule nuit. En outre, des insectes sortant de leurs corps, les déchirent et leur dévorent la peau, la chair, les os et la moelle. Il y a aussi un enfer spécial appelé *Unkamu.* Ceux qui ont autrefois forcé les autres à boire, ceux qui s'en sont moqués et ceux qui ont humilié les autres en se jouant d'eux tombent dans cet enfer pour y souffrir dans un feu de 200 mètres d'épaisseur. Les gardiens, empoignant les damnés, les font entrer dans le feu ; des pieds à la tête, les damnés sont consumés par le feu. Lorsque les gardiens les tirent des géhennes, les damnés reviennent à la vie. Cela se répète durant plusieurs centaines de milliers d'années.

Les gardiens y réprimandent les damnés et leur récitent un hymne, tel celui-ci :

« Le sake mène à l'aberration,
Où même les hommes qui sont auprès d'un Bouddha
Rompent la loi du monde ainsi que la Loi du Bouddha.
Le saké leur fait perdre les chemins qui mènent à l'éveil.
Comme si le feu consumait ces chemins[1]. »

5. L'enfer grand-hurlant

Cet enfer se trouve sous l'enfer hurlant. Sa superficie est identique à celle de l'enfer hurlant et des scènes atroces s'y déroulent comme dans celui-ci. Mais les douleurs à endurer dans l'enfer grand-hurlant sont dix fois plus terribles que toutes les douleurs des quatre précédents enfers et de leurs seize enfers spéciaux.

1. D'après le *Shobonengyo.*

Un jour et une nuit dans le ciel de Keraku correspondent à 800 années chez les hommes. La longévité dans le ciel de Keraku est de 8 000 ans, mais ce ne sont qu'un jour et une nuit dans cet enfer. En outre, la longévité dans cet enfer est de 8 000 ans. Ceux qui ont tué, volé, commis l'adultère, bu du saké et proféré des mensonges tombent dans cet enfer.

Les gardiens torturent les damnés et prêchent en chantant cet hymne :

« Dire des mensonges, c'est la première flamme allumée.
Ce feu brûle même la grande mer, à plus forte raison,
Le feu des mensonges brûle-t-il les hommes,
Comme le feu brûle les broussailles. »

En outre, il y a aussi seize enfers annexes, dont celui qui est nommé *Jubuku*, où les lèvres et la langue des damnés sont piquées par des aiguilles en fer chaud, si bien qu'ils ne peuvent crier leur souffrance.

Il est un autre enfer annexe appelé *Jumuhenku*. Les gardiens, armés de tenailles en fer chaud, saisissent la langue des damnés et l'extirpent. Après avoir été arrachée, la langue repousse et les gardiens l'extirpent à nouveau. Il en va de même avec les yeux. Ou bien les gardiens déchiquettent les corps avec des couteaux aiguisés comme des rasoirs. Toutes ces douleurs endurées sont causées par le mensonge. Le reste est enseigné dans le sutra[1].

6. L'enfer chauffant

L'enfer chauffant se trouve sous l'enfer grand-hurlant et sa superficie est égale à celle de ce dernier. Les

1. Extrait du *Shobonengyo*.

bourreaux de cet enfer saisissent les damnés et les font se coucher sur le sol en fer incandescent, tel sur le dos, tel sur le ventre. Se saisissant de grands bâtons de fer rouge, ils les frappent et les battent de la tête aux pieds, les réduisant en morceaux de viande. Ou ils placent les damnés dans une grande marmite de fer rouge, qui brûle sans cesse. Ils les y font rouler, à droite et à gauche, cuisent leur ventre et leur dos, ce qui aplatit leur corps.

Parfois, les gardiens, d'une grande broche de fer, transpercent le corps des damnés, de l'anus à la tête, les mettent sur le feu et les font rôtir à plusieurs reprises, ce qui fait jaillir des flammes de tous les organes, de tous les pores et par la bouche. Ou encore, dès que les bourreaux ont placé les damnés dans une marmite de fer rouge ou sur un donjon de fer, les flammes s'élèvent et les consument jusqu'à la moelle[1].

Si l'on mettait un peu du feu de cet enfer sur la terre de ce monde-ci, ce feu la réduirait en cendres en un clin d'œil. À plus forte raison, quand le corps des pécheurs, tendre comme la jeune herbe, est brûlé par ce feu de longues heures durant, il ne peut endurer une telle souffrance. Les pécheurs brûlés par ce feu regardent celui des cinq enfers cités plus haut comme de la gelée blanche ou de la neige[2].

Un jour et une nuit dans le ciel de Take correspondent à 1 600 années chez les hommes. La longévité dans le ciel de Take est de 16 000 ans, mais ce ne sont qu'un jour et une nuit dans cet enfer. Ceux qui ont tué, volé, commis l'adultère, bu du saké, proféré des mensonges et conçu des idées fausses, tombent dans cet enfer.

1. D'après le *Yuga-ron* et le *Dai-ron*.
2. D'après le *Shobonengyo*.

À l'extérieur des quatre portes de cet enfer, il y a encore seize enfers annexes, dont celui qui est nommé Fundarika. Le corps des pécheurs y est entièrement enveloppé de flammes, sans que soit épargnée la moindre surface, ne serait-ce que d'un grain de *keshi*. Les gardiens de l'autre enfer disent à ces damnés : « Venez ici en courant. Vite ! Hâtez-vous ! Car voici un étang nommé Fundarika, dans lequel vous pourrez vous désaltérer et autour duquel il y a de frais ombrages ! » Trompés par ces paroles, les damnés accourent mais, en chemin, ils tombent dans une fosse d'où jaillissent des flammes qui consument leur corps. Torturés par la soif, les damnés avancent et parviennent enfin à l'étang, d'où jaillissent encore des flammes. Ces flammes, d'une hauteur de 500 *yojana*, brûlent leur corps. Après leur mort, ils reviennent à la vie. Ceux qui, mourant de faim, ont désiré la renaissance au ciel ainsi que ceux qui ont incité les autres à concevoir des idées fausses, tombent dans cet enfer.

Il existe un autre enfer annexe nommé Ankafu. On dit que, dans cet enfer, un mauvais tourbillon emporte les damnés dans l'air. N'ayant rien pour se retenir, ils tournent très vite comme des roues, au point de disparaître. Après cela, un autre vent nommé *tachikaze* se lève, réduit leurs corps en miettes, comme du sable, et les répand de tous côtés. Après avoir ainsi été dispersés, ils reviennent à la vie. Puis ils sont à nouveau dispersés. Ainsi ce spectacle se déroule-t-il indéfiniment. On ne sait quand cela se terminera. Si quelqu'un a une conception erronée de la permanence et de l'impermanence de toutes choses, il subira ce genre de souffrance. Le reste est enseigné dans le sutra[1].

1. D'après le *Shobonengyo*.

7. L'enfer surchauffant

L'enfer surchauffant se trouve sous l'enfer chauffant. Sa superficie est égale à celle de l'enfer chauffant et les tourments y sont identiques[1]. Mais les souffrances subies dans l'enfer surchauffant sont dix fois plus fortes que toutes les souffrances des six enfers et de leurs enfers annexes, que nous avons rapportées plus haut. On ne peut donner une description détaillée de ces souffrances. La longévité dans cet enfer est de la moitié d'un *chuko*.[2]

Ceux qui ont tué, volé, commis l'adultère, bu du saké, proféré des mensonges, conçu des idées fausses, et ceux qui ont violé des religieuses qui observaient fidèlement les commandements du Bouddha tombent dans cet enfer surchauffant.

Pendant le *chuyu*[3], ces pécheurs voient l'infernal spectacle de gardiens qui font des mines horribles et violentes, mains et jambes brûlantes, se tordant et écartant les coudes. À leur aspect, les pécheurs sont en proie à la frayeur. La voix des gardiens est comme le tonnerre. La peur des pécheurs va croissant quand ils entendent ces voix. Un couteau tranchant à la main, les gardiens ont un très gros ventre, semblable à un nuage noir, les yeux comme des lampes, d'où jaillissent des flammes, les dents aiguës comme des pointes de fer, des coudes pointus et de longues mains. Quand leur corps gigantesque se secoue de partout, en saillent les muscles. Ces atroces gardiens saisissent les pécheurs à

1. D'après le *Dai-ron* et le *Yuga-ron*.
2. Kalpa intermédiaire ou période cosmique.
3. Pendant 49 ou 77 jours après le décès, les êtres ont une existence intermédiaire ; c'est en quelque sorte le voyage vers leur future destinée.

la gorge et les entraînent au loin, au-delà de la mer, traversent les terres, les mers, les îles et les murs des châteaux, leur faisant mille misères avant de les emmener aux portes de l'enfer.

Le plus fort de tous les vents souffle dans l'enfer (*gofu*). Il emmène les pécheurs en enfer. Là, le roi de l'enfer réprimande les pécheurs. Après cela, il les fait lier d'une corde faite de leurs actes mauvais et les envoie dans l'enfer surchauffant. Les pécheurs voient au loin les flammes enveloppant l'enfer surchauffant et entendent les cris d'épouvante des damnés. Ces pécheurs sont saisis d'infinies douleurs.

Les bourreaux les grondent en leur criant : « Vous avez déjà peur, rien qu'en écoutant les cris venus de l'enfer. À plus forte raison serez-vous plus effrayés lorsque vous serez brûlés par les feux de l'enfer. Ce sera comme si l'on mettait le feu à des broussailles sèches. Écoutez-bien, pécheurs ! Vous n'êtes pas brûlés par du feu mais par le feu causé par vos actes mauvais. »

Après les avoir réprimandés, les gardiens les emmènent vers l'autre enfer. En chemin, il y a un endroit d'où jaillissent de grandes flammes. Ce grand feu est causé par les mauvaises actions que les damnés ont commises dans leur vie antérieure. Les gardiens jettent immédiatement les damnés dans le brasier de l'enfer, comme s'ils les balançaient du flanc escarpé d'une montagne jusqu'au-dessus d'une autre montagne plus escarpée[1].

À l'extérieur des quatre portes de l'enfer surchauffant, il y a encore seize enfers annexes, dont l'un est entièrement envahi de flammes s'élevant jusqu'au ciel. Il n'y a rien, dans cet endroit, qui ne soit envahi de flammes, pas même un interstice aussi petit que le

1. Extrait du sutra *Shobonengyo*.

chas d'une aiguille. Les pécheurs y sont sans cesse brûlés, durant d'innombrables années, bien qu'ils crient et appellent au secours, enveloppés de feu. Ceux qui ont violé une femme fidèle aux règles bouddhiques tombent dans cet enfer.

Il existe un enfer annexe nommé Fuji Issai Kuno, ou enfer où l'on subit toutes sortes de tourments. D'un sabre d'où jaillissent des flammes, les gardiens écorchent les pécheurs vifs, prenant garde de ne pas leur blesser les chairs ; puis ils déposent les peaux déchirées ainsi que les corps sur le sol chaud. Ils les brûlent ou versent du fer en fusion sur les corps. Ainsi, les pécheurs y souffrent-ils terriblement durant d'innombrables années. Dans cet enfer tombent les moines qui ont eu des rapports sexuels avec une religieuse fidèle aux règles, ou qui lui ont fait des présents en argent et en nature pour la séduire, ou qui l'ont trompée sous l'effet du saké. Le reste est enseigné dans le sutra[1].

8. L'enfer sans refuge

Il se trouve sous l'enfer surchauffant et est situé à l'endroit le plus profond dans le monde du désir. Dans le *chuyu*, sur le chemin de cet enfer, les pécheurs crient et récitent un poème :

« Il n'y a que flammes.
Le ciel est tout en flammes,
La terre aussi est entourée de flammes de tous côtés.
Tous les coins de la sombre terre sont peuplés de pécheurs.
Maintenant, sans même un compagnon, je ne sais où me réfugier.

1. Extrait du *Shobonengyo*.

Je suis dans d'odieuses ténèbres, environné de feu,
Je ne peux voir ni le soleil, ni la lune, ni les étoiles. »

Alors, les gardiens répliquent avec colère :

« Par la succession du temps,
Le feu de l'enfer brûle vos corps.
À quoi bon vous repentir maintenant de vos erreurs !
Que vous, sots, avez commises dans votre vie antérieure ?
Ce feu n'est pas allumé par les gardiens du Bouddha,
Par le ciel, par les asuras, par kendatsuba, par un dragon ou un ogre,
Mais par vos actes mauvais, qui vous lient.
Il n'est personne qui puisse vous sauver.
Si vous puisiez de l'eau avec vos mains à la grande mer
Et que cette poignée d'eau était pour vous une peine,
Sachez que la peine qui vous attend sera comme une grande mer. »

Après avoir blâmé les pécheurs, les gardiens les emmènent dans l'enfer sans refuge. À 25 000 *yojana* de l'enfer sans refuge, les pécheurs, en entendant les cris des damnés, souffrent de tortures dix fois plus atroces. Tous les pécheurs, tête en bas, pieds en haut, tombent indéfiniment durant 2 000 ans[1].

Le château Avici, l'enfer sans refuge, qui mesure 80 000 *yojana* de hauteur comme de largeur, est entouré de six anneaux de fer. En bas, il y a dix-huit cloisons qui entourent des forêts d'épées. Aux quatre coins, quatre chiens en fer qui mesurent 40 *yojana* : ces chiens ont les yeux semblables à des éclairs, les crocs en

1. Extrait du *Shobonengyo*.

forme d'épée, les dents telles des montagnes de sabres, et la langue comme une épine de fer. De tous les pores de ces chiens jaillissent des flammes qui dégagent une odeur fétide, qu'on ne peut comparer à quoi que ce soit en ce monde.

Dans ce château, il y a dix-huit gardiens dont la tête ressemble à celle d'un *rasetsu* (un ogre) et la bouche à celle d'un *yasha*. Ils ont soixante-quatre yeux qui font jaillir des boules de fer. Leurs dents sont crochues et, en haut, elles saillent de quatre *yojana*. De la pointe de ces dents jaillit le feu qui envahit le château sans refuge. Sur leur tête, se trouvent huit têtes de bœuf ; chacune a dix-huit cornes du bout desquelles jaillissent des flammes.

Dans le château des sept anneaux de fer se trouvent sept drapeaux en fer. Du bout de ces drapeaux le feu jaillit en jets et submerge tout le château. Sur les seuils des quatre portes se trouvent quatre-vingts marmites d'où déborde du cuivre en fusion qui emplit le château. Dans chaque cloison de ce château, il y a 8 400 dragons ou de gros serpents de fer, qui crachent du poison et du feu. Ce château est aussi plein de toutes sortes de bêtes. Les gros serpents rugissent avec un son de grand tonnerre, jettent d'innombrables morceaux de fer, telle une pluie, qui débordent aussi du château. Il y a aussi cinquante milliards d'insectes avec 80 000 becs chacun. Du bout de chaque bec, le feu jaillit comme en pluie. Quand ces insectes descendent, le feu de l'enfer se propage dans tout le château et éclaire à une distance de 84 000 *yojana*.

Toutes sortes de châtiments sont rassemblés dans cet enfer[1].

On trouve dans le *Yuga-ron*, l'extrait suivant : « À l'est, à quelques cent *yojana* de distance, il y a un grand

1. Extrait du *Kanbutsu-zanmaikyo*.

sol en fer formé de trois enfers chauds d'où jaillissent les flammes. Ces flammes attaquent les damnés et leur brûlent d'abord la peau, puis la chair, ensuite les muscles ; enfin, les flammes brisent leurs os et les consument jusqu'à la moelle, comme une bougie qui fond. Tout le corps des damnés est ainsi dévoré de flammes. De tous côtés, de l'est, du sud, de l'ouest et du nord, les flammes attaquent les damnés. Ainsi les damnés ne voient-ils que du feu violent s'avancer vers eux. Les flammes se mêlent aux flammes, il n'y a aucun interstice. Les damnés doivent donc sans arrêt souffrir. Seuls, les cris permettent de savoir qu'il y a des damnés dans le feu. [...] « Les gardiens remplissent un récipient métallique de fers et de charbons des trois enfers chauds ; ils y placent les damnés et les placent sur le sol de fer chaud. Puis ils font monter les damnés sur une haute montagne de fer chaud, puis redescendre et remonter... Les gardiens tirent la langue des damnés et la déplient à l'aide de nombreux clous, comme s'ils tendaient une peau de bœuf. [...] On fait tomber les damnés à la renverse, sur le sol de fer rouge ; on ouvre leur bouche avec des ciseaux de fer rouge et on y introduit un morceau de fer rouge qui leur brûle la bouche, la gorge, puis les viscères, et qui, enfin, leur sort par l'anus. Parfois, on leur introduit du cuivre liquide par la bouche, qui, après avoir brûlé les viscères, sort par l'anus[1]. »

La douleur endurée dans l'enfer sans refuge est mille fois plus forte que toutes les souffrances subies dans les sept enfers précédents ainsi que dans leurs enfers annexes. Les pécheurs de l'enfer sans refuge regardent donc ceux de l'enfer surchauffant avec des yeux d'envie, parce que ces derniers leur paraissent être comme dans le ciel de Take.

1. Extrait du *Yugaron*.

Si les quatre continents (*shidaisu*) qui entourent le mont Sumeru et les *rokuten* du *Yokkai* (les six sortes d'êtres divins du monde des désirs) sentaient la mauvaise odeur exhalée par l'enfer sans refuge, ils disparaîtraient en très peu de temps. Pourquoi ? Parce que les damnés de l'enfer sans refuge exhalent la pire des odeurs. Pourquoi la mauvaise odeur ne parvient-elle pas au *shidaisu* et aux *rokuten* ? Parce qu'il y a deux grandes montagnes, Shutsusan et Motsusan, qui les en protègent.

S'ils entendaient les cris causés par tous les tourments de cet enfer, les hommes ne pourraient supporter la peur et mourraient tous rapidement. Les souffrances que l'on subit dans l'enfer sans refuge ne sont pas encore décrites au millième de ce qu'elles sont. Les effrayants cris de douleur échappent à toute description, on ne peut les exprimer ni les entendre sans mourir en vomissant du sang[1].

Ceux qui ont commis le *gogyakuzai* ou les cinq péchés d'immédiate damnation[2], nient l'enseignement de la cause et de ses effets, médisent sur l'enseignement du Grand Véhicule, violent les quatre commandements[3], tous ceux-là à tomberont dans cet enfer[4].

À l'extérieur de cet enfer sans refuge se trouvent encore seize enfers annexes, dont le Tesuyakanjikisho. On dit que les flammes qui brûlent les damnés y ont dix *yojana* de haut. Des divers enfers, la souffrance que

1. Extrait du *Shobonengyo*.

2. C'est-à-dire tuer son père, tuer sa mère, tuer un saint, diviser la communauté bouddhique et faire couler le sang d'un bouddha.

3. C'est à dire ne pas tuer, ne pas voler, ne pas avoir de relations sexuelles illicites, ne pas mentir, ainsi que ceux qui vivent injustement des aumônes des adeptes.

4. D'après le *Kanbutsuzanmaikyo*.

l'on subit dans celui-ci est la plus terrible. Des tuiles de fer tombent telle une averse d'été, brisent les corps des damnés comme de la viande séchée, puis des renards aux dents de feu viennent les déchirer. Ainsi ces souffrances ne cessent-elles pas. Ceux qui ont autrefois brûlé des statues bouddhiques ainsi que des cellules ou des literies de moines tombent dans cet enfer.

Il y a un autre enfer annexe, appelé Kokutosho. On dit que les damnés y souffrent de faim et de soif et qu'ils sont contraints de manger leur propre corps. Quand celui-ci est entièrement dévoré, ils reviennent à la vie. Revenus à la vie, ils mangent à nouveau leur propre corps. Des serpents au ventre noir s'enroulent autour des damnés et se mettent à avaler leur corps petit à petit. Parfois, les gardiens jettent les damnés dans un feu violent pour les brûler ou les placent dans des marmites de fer pour les faire griller. Ainsi, ils sont en proie à des souffrances indescriptibles durant plusieurs billions d'années. Ceux qui ont volé des accessoires de statues bouddhiques pour acheter à manger tombent dans cet enfer.

Il existe encore un autre enfer annexe, nommé Usenjusho. Une montagne de fer, d'une hauteur d'un *yojana*, tombe sur les pécheurs pour les broyer comme des grains de sable. Après les avoir complètement écrasés, ils reviennent à la vie et sont de nouveau broyés. Il y a aussi onze flammes, qui s'entourent autour des corps des pécheurs pour les brûler. Parfois, les gardiens coupent le corps des pécheurs avec un sabre et versent de la cire fondue dans leurs plaies. Pour cette raison, ces pécheurs contractent toujours les 404 maladies et souffrent sans cesse. Ceux qui, autrefois, ont volé la nourriture qu'on offrait au bouddha Byakushi et qui l'ont mangée sans en donner aux autres, tombent dans cet enfer.

Il existe un enfer spécial nommé Enbado-sho, où se trouvent des oiseaux terribles, grands comme des éléphants, appelés *emba*. De leur bec acéré jaillissent des flammes. S'emparant des damnés, ils volent à l'est et à l'ouest, puis les laissent tomber. Les damnés tombent comme des pierres sur la terre. Leurs corps se brisent en menus morceaux, puis ils se recollent et les oiseaux les reprennent. La route de cet enfer peut être entièrement plantée de lames acérées qui coupent les pieds et les jambes des damnés. Il peut aussi y avoir des chiens, avec des dents jetant des flammes. Ces chiens viennent mordre le corps des damnés et ceux-ci souffrent ainsi longtemps. Ceux qui ont autrefois rompu des digues de fleuve ou tué des hommes par la soif tombent dans cet enfer. Le reste est enseigné dans le sutra[1].

Dans le *Yugaron*, on parle des enfers spéciaux situés à proximité des huit grands enfers. « Chaque grand enfer a quatre murs et quatre portes et, au-delà, une muraille de fer les entoure. À l'extérieur de chaque porte, il y a quatre jardins. On dit qu'il y a là un tas de cendres chaudes si épais qu'il monte jusqu'aux genoux des hommes. Les pécheurs qui sortent par une porte courent çà et là pour chercher leur logement et, alors, ils s'enfoncent jusqu'aux genoux dans cette cendre chaude qui leur blesse la peau et la chair, et qui fait bouillir leur sang. Quand ils sortent leurs pieds de la cendre chaude, leurs jambes reviennent à leur état antérieur.

Ensuite, tout près de cette cendre entassée, se trouve un marais de cadavres et d'excréments. Les pécheurs, sortis du tas de cendre, vont à droite et à gauche pour chercher leur maison et ils finissent enfin par s'enfoncer, des pieds à la tête, dans ce marais. Il y a beaucoup

1. D'après le *Shobonengyo*.

de vers nommés *hikuta* dans ce marais. Ils déchirent la peau des pécheurs, se glissent dans leurs chairs, sectionnent leurs muscles, écrasent leurs os et mangent leur moelle.

Puis, tout près de ce marais, se trouve un chemin de couteaux tranchants, dont les lames sont tournées vers le haut. Les pécheurs, sortis du marais, courent çà et là pour chercher leur logement et arrivent alors au chemin de couteaux. Quand ils posent les pieds sur ce chemin, la chair et les muscles de leurs pieds sont tous déchirés et blessés. Quand ils soulèvent les pieds, ils les retrouvent à l'état normal.

Puis, tout près du chemin des couteaux tranchants, il y a une forêt aux feuilles aiguisées comme des lames. Les pécheurs, sortis du chemin des couteaux tranchants, se dirigent vers cette forêt pour chercher leur maison. Aussitôt qu'ils s'asseyent à l'ombre des arbres, le vent souffle et les feuilles en forme de lames tombent en leur tranchant les articulations. Ils tombent par terre. Des chiens tout noirs viennent leur dévorer le dos et le ventre.

Dans le voisinage immédiat de cette forêt aux feuilles de lames, se trouve une forêt aux grandes épines de fer. Les damnés qui cherchent leur logement y arrivent et veulent monter sur les arbres aux grandes épines. Toutes les épines se tournent alors vers le bas. Quand les damnés descendent, elles se tournent vers le haut. C'est pourquoi les épines leur percent le corps et toutes les articulations. À ce moment, de grands oiseaux au bec de fer descendent, se perchent sur leur tête ou sur leurs épaules et leur becquettent les yeux.

Tout près de la forêt aux grandes épines de fer, coule un vaste fleuve débordant d'eau bouillante mêlée de cendres. Les damnés, sortis de la forêt, cherchent encore leur logement et tombent enfin dans ce fleuve. Les damnés y tournent en rond dans le bouillonnement des eaux, tel le soja qui tourne dans une grande marmite chauffée par un feu ardent.

Sur les deux rives du fleuve, les gardiens, alignés, munis de bâtons, de cordes ou de grands filets, regardent les damnés qui tournent et les empêchent de remonter sur les rives, ou ils jettent des filets sur les damnés et les renversent sur la vaste terre de fer chaud, en leur demandant : « Que désirez-vous maintenant ? » Les damnés répondent : « Nous avons perdu toute faculté de penser, mais nous souffrons de la faim. » À cette réponse, les gardiens leur ouvrent la bouche avec des ciseaux de fer et ils y mettent une boule de fer très chaud. Il existe d'autres punitions telles que celles dont nous avons parlé plus haut. À la question d'un gardien, si un pêcheur répond : « Je souffre maintenant de la soif », le gardien lui fait immédiatement boire du cuivre en fusion. Ainsi les pécheurs continuent-ils longtemps à être torturés.

Tant que tous les mauvais actes commis dans la vie antérieure ne sont pas épuisés, on ne peut sortir d'un tel enfer. Les quatre jardins se composent d'un chemin de couteaux, d'une forêt de lames, d'une forêt de grandes épines de fer et d'un vaste fleuve empli d'eau bouillante mêlée de cendre[1]. Chaque enfer a quatre portes et, à l'extérieur de chaque porte, il y a quatre jardins : le total des jardins est donc de seize.

En outre, il y a les huit enfers froids, tel l'Arbuda… Ces enfers sont décrits en détail dans les sutras ou les sastras, mais nous ne les évoquerons pas ici.

1. D'après le *Yuga* et le *Kusha*.

Les esprits faméliques

Voici maintenant le monde des esprits faméliques. L'esprit famélique nommé Kakushin est deux fois plus grand que l'homme. Il n'a ni visage, ni yeux. Ses mains et ses pattes ressemblent aux pieds d'une marmite. Son corps est empli d'un feu qui le consume. Les hommes qui, dans leur vie antérieure, se sont montrés avides de biens ou qui ont abattu des bœufs subissent inévitablement un tel sort.

L'esprit famélique dénommé Jikito est de grande taille (environ un demi-*yojana*). Il quête toujours vainement des vomissures humaines, sans jamais en trouver. Les hommes qui, dans leur vie antérieure, ont fait bonne chère égoïstement sans se soucier de leur femme ou de leurs enfants, ou les femmes qui ont fait seule bonne chère sans souci de leur mari et de leurs enfants, subiront ce sort.

L'esprit famélique dénommé Jikisui souffre de la soif et de la faim. Il essaye de trouver de l'eau, mais toujours en vain. Comme ses longs cheveux cachent son visage, il ne peut rien voir. Il accourt au bord de la rivière pour boire les gouttes qui tombent des pieds de l'homme qui l'a traversée. Il peut ainsi à peine survivre. Un autre esprit famélique survit en buvant l'eau qui goutte lorsqu'on arrose la tombe des parents. Quand cet esprit famélique apparaît, ceux qui protègent l'eau le battent avec un bâton.

Ceux qui, dans leur vie antérieure, ont vendu du saké coupé d'eau, ou mêlé de vers de terre et de papillons de nuit, subiront ce sort.

L'esprit famélique nommé Kemo ne mange que les offrandes placées par le peuple sur les autels des parents morts. Il ne peut rien manger d'autre. Les hommes qui ont soustrait par tromperie le peu de chose qu'autrui a gagné avec peine subiront le même sort.

Les animaux

Voici maintenant le monde des animaux. Ils habitent dans deux lieux : principalement dans la grande mer, ou sur la terre et dans le ciel. Si on établit des subdivisions, on peut compter trois milliards quatre cents millions d'espèces d'animaux. On peut les réduire à trois sortes : 1. les oiseaux ; 2. les animaux ; 3. les insectes.

Les animaux n'ont jamais l'esprit tranquille, pas même un instant, car les forts et les faibles se battent les uns contre les autres : les uns avalent les autres et les autres mangent les uns. Ils éprouvent de la peur, jour et nuit. À plus forte raison, les poissons que prennent des pécheurs et les bêtes terrestres que traquent des chasseurs. Certains animaux, tels l'éléphant, le cheval, le bœuf, l'âne, le chameau et le mulet, ont la tête cassée par des cloches de fer ou le nez percé d'un trou ; ou bien, on leur met le mors. Ces animaux, frappés à coups de fouet, portent de lourds fardeaux sur leur dos. Ils ne s'intéressent qu'à l'eau et à l'herbe ; ils ne pensent à rien d'autre qu'à cela…

Ces animaux subissent d'innombrables douleurs pendant longtemps. Ils sont inopinément victimes d'accidents cruels qui entraînent leur mort.

Les moines sots subissent ainsi les conséquences de leurs fautes quand, ayant naguère vécu des aumônes des fidèles, ils n'ont rien rendu en échange[1].

1. Le passage ci-dessus se trouve dans les sutras et les sâstras.

Les esprits combattants

Les *asuras* sont des esprits combattants. « Il y en a de deux sortes : les *asuras* supérieurs et les *asuras* inférieurs. Les supérieurs habitent dans le fond de la grande mer, au nord du mont Semeru. Les inférieurs se trouvent dans les roches entre les quatre continents. Quand le tonnerre gronde, ils disent : « C'est le tambour du ciel ! » Et ils tremblent de peur. Ils perdent la tête et ils ont du chagrin. Ou bien ils sont violentés par des dieux. Les dieux peuvent blesser les *asuras* et même les tuer. Chaque heure, chaque jour, chaque nuit ils souffrent de tortures tellement atroces qu'on ne peut toutes les énumérer. »

Les hommes

Comment définir les hommes ? Les hommes présentent trois caractéristiques : 1. leur corps est horrible ; 2. ils subissent la douleur ; 3. ils vivent dans l'impermanence. Il faut considérer attentivement ces trois caractéristiques.

1. Les horreurs du corps

Même si l'on fait bonne chère, toute cette nourriture se change, au cours de la nuit, en des choses sales. Par exemple, les excréments et l'urine sont toujours fétides. Ainsi le corps humain, de l'enfance jusqu'à la vieillesse, est souillé et fétide. Même si l'on se lavait avec les eaux de toutes les mers, on ne pourrait se purifier. Même si l'homme soigne ses apparences extérieures, il renferme diverses choses impures à l'intérieur de son corps, tel un vase coloré rempli d'excréments[1].

1. D'après le *Dai-ron* et le *Shikan*.

Dans une poésie du sutra *Zenkyo*, on peut lire ce chant :

« Le sot tient au corps,
Bien qu'il sache ce corps impur et fétide,
Le sot ne voit que les beaux traits de l'apparence,
Et jamais les choses impures cachées dans le corps. »

En outre, au cours des sept jours qui suivent le décès, le corps jeté au cimetière se gonfle et perd ses couleurs. Il sent mauvais et se dépouille. Du sang et du pus s'en écoulent. De nombreux oiseaux et bêtes-aigles huppés, aigles, milans, chouettes, renards ou chiens le dévorent. Après avoir été dévoré par les bêtes, les restes du cadavre s'ulcèrent et sont mangés par les vers. Ce cadavre, si laid, est plus sale que celui du chien. Enfin, le cadavre se réduit à ses ossements ; articulations, membres et crâne se désolidarisent. Alors le vent souffle dessus, le soleil le brûle et la pluie et la gelée lui tombent dessus. À mesure que les années s'écoulent, ces articulations, membres et crâne changent de couleur et de forme. Ils se décomposent enfin et finissent par se mêler à la terre et à la poussière[1].

On doit donc savoir que ce corps est toujours sale. Même l'homme et la femme amoureux sont sales. Y a-t-il des sages pour s'attacher encore, après cela, à ce corps ? La considération de l'horreur est un bon remède aux désirs charnels.

1. La description de la fin souillée et horrible de l'homme figure dans le *Daihannyakyo* et dans le *Makashikan*.

2. *Les douleurs*

Depuis sa naissance, l'homme souffre sans cesse. Dans le sutra intitulé *Hojakukyo,* il est écrit : « Quand un bébé, mâle ou femelle, naît en ce monde, même si l'on porte le bébé dans ses bras et si on l'habille, aussitôt qu'il est en contact avec le vent froid de l'hiver ou le vent chaud de l'été, il éprouve de violentes douleurs ; elles ressemblent à celles du bœuf écorché qui se frotte à une haie ou à un mur…

Après avoir grandi, l'homme éprouve encore beaucoup de douleurs…

Le même sutra dit qu'il y a deux sortes de douleurs, dès la naissance : les douleurs éprouvées en certaines parties du corps, les maladies des yeux, des oreilles, du nez, de la langue, de la gorge, des dents, du cœur, du ventre, des mains et des jambes… Le corps humain est en effet affecté par 404 maladies. Ce sont là les douleurs de l'intérieur. D'autres douleurs viennent de l'extérieur. Par exemple, celles des hommes enfermés dans les prisons, où on les frappe à coups de fouet, où on leur coupe les oreilles, le nez et les membres. Divers démons attaquent les hommes ; ils sont piqués par des bêtes venimeuses, tels les moustiques, les taons et les abeilles ; ils souffrent du froid, de la chaleur, de la faim, de la soif, de la pluie et du vent.

De nombreuses douleurs attaquent le corps humain que forment les cinq agrégats[1].

Tous les mouvements de l'homme sont douleurs. Si l'homme marche sur une longue distance, sans s'arrêter, il en ressentira de la douleur. Rester immobile, s'asseoir et demeurer couché longtemps, tout cela est

1. Les cinq constitutions de toutes les existences : la matière, les sensations, les perceptions, les activités psychiques, les pensées.

douleur. Quant aux autres douleurs, il n'est point nécessaire de les expliciter, parce qu'elles sont toujours observables.

3. *L'impermanence*

Il faut savoir que l'homme, s'il peut échapper aux autres douleurs, ne peut jamais échapper à la mort. On doit donc pratiquer les exercices bouddhiques et aspirer à l'éveil suprême.

Dans le *Makashikan*, il est écrit : « La mort assaille riches et sages, sans distinction. Tous sont donc impuissants et éphémères devant la mort. Pourquoi désirer une longue vie de cent ans ou courir de tous côtés pour acquérir des biens ?

Si la mort attaque à l'improviste, avant qu'on n'ait tout amassé, les biens acquis avec peine reviendront à d'autres. Quant à celui-là, il mourra seul, mais personne ne s'inquiétera de savoir où il ira après sa mort.

Même si l'homme sait que la mort survient plus rapidement que l'inondation, que la tempête et que l'éclair, pour l'éviter, il n'est pas d'abri, ni dans la montagne, ni dans la mer, ni dans le ciel, ni dans la ville. Sachant cela, il éprouvera de la peur ; il ne pourra pas bien dormir et apprécier ses repas. Il doit donc chercher avec ferveur la sortie : l'éveil ; comme pour éteindre le feu allumé sur sa tête. »

Il est dit encore : « Par exemple, un renard, qui a perdu ses oreilles, sa queue et ses crocs, fait semblant de dormir pour s'enfuir ; mais quand il entend soudain une voix d'homme : « Tranchons la tête de ce renard ! », il est saisi d'épouvante.

Devant la naissance, la vieillesse et la maladie, l'homme peut garder son calme, mais devant la mort, il perd la tête. L'homme en proie à la peur de la mort n'a plus le temps de s'abandonner à ses passions. C'est comme s'il mettait les pieds dans l'eau bouillante ou dans le feu. »

Tel est le monde de l'homme. Il faut renoncer avec dégoût à ce monde misérable.

Les mondes des dieux

Il est très difficile de décrire en détails les mondes des dieux parce qu'ils comportent de nombreux aspects. Nous n'expliquerons donc qu'un seul de ces mondes ; cela permettra de comprendre mieux ce que sont les autres.

Dans le ciel de Tori, les dieux peuvent goûter à d'infinis plaisirs, mais, à leur dernière heure, les cinq symptômes de leur affaiblissement se manifestent :

- La couronne en fleurs de leur coiffure se flétrit soudainement ;
- Leur robe de plume se macule de poussière et de crasse ;
- La sueur perle sous leurs bras ;
- Ils sont pris de vertiges ;
- Ils n'éprouvent plus autant de joie d'être au ciel.

Quand ces cinq symptômes apparaissent, les nymphes célestes et leur famille, qui servaient jusqu'alors, les quittent et les abandonnent, comme de l'herbe jetée par les champs.

Tombé dans la forêt, le dieu, affaibli, pleure : « Ces nymphes célestes, je les aimais jusqu'à présent. Pourquoi m'abandonnent-elles tout à coup, comme une herbe ? Moi, je me trouve tout seul, sans appui. Y a-t-il quelqu'un qui me sauvera ?

Ah ! Le château de Zenken va disparaître à mes yeux. Je ne serai jamais plus admis à l'audience du roi dans le ciel de Taishaku. Je ne pourrai jamais plus contempler la beauté du palais de Shusho, ni monter à dos d'éléphant avec le roi Taishaku. Je ne pourrai plus revêtir l'armure et le casque dans le jardin de Sojuon. Je ne pourrai jamais plus offrir un banquet dans le jardin de Zorinon ni flâner dans le jardin de Kangion. Je ne pourrai jamais plus m'asseoir sur la belle pierre teintée de blanc, sous l'arbre *koha*. Je ne pourrai jamais plus me baigner dans le magnifique étang Mandakini. Je ne pourrai jamais plus boire les quatre meilleures boissons et je ne pourrai jamais plus écouter de musique exquise.

« Que je suis triste !
Moi, je subis une dure épreuve, seul.
Puisse le ciel me sauver par sa grâce !
Si l'on prolongeait un peu mes derniers jours, ce serait un tel plaisir pour moi !
Ne me faites pas tomber sous la montagne de Mezu, ni dans la mer d'Okusho ! »

Ainsi parle-t-il, mais il n'est personne pour le secourir[1].

Il faut savoir que cette souffrance éprouvée dans le ciel est plus forte que celle de l'enfer. Il est dit, dans une poésie du *Shobonen-gyo* :

« Quand on quitte le ciel,
On éprouve beaucoup de douleurs.
Ces douleurs du ciel, toutes les douleurs de l'enfer
N'en atteignent pas le seizième. »

1. D'après le *Rokuharamitsukyo*.

Quand naît un nouveau dieu de grande vertu, les serviteurs du ciel abandonnent leur ancien dieu pour servir le nouveau dieu.

Ou bien, quand l'ancien dieu n'obéit pas au dieu de grande vertu, ce dernier chasse le premier du palais, où il ne le laissera désormais plus demeurer[1].

Les mêmes douleurs se retrouvent dans les cinq autres cieux. Il est possible que même les dieux qui se trouvent au ciel Hiso, le plus élevé des cieux, tombent dans l'enfer Avici, le plus bas des huit enfers.

Deuxième volume

Le désir de se rendre dans la Terre pure (*Gongu Jôdo*)

La Terre pure et ses habitants ont trop de mérites pour qu'il soit possible de les expliquer tous, fût-ce dans un très long laps de temps. Même si nous célébrons à présent la Terre pure en énumérant dix plaisirs particuliers, il sera difficile d'expliquer toute sa gloire ; aussi difficile que d'exprimer la mer en y trempant un seul cheveu.

1. Plaisir de voir les bodhisattvas qui viennent accueillir le pratiquant au moment de sa mort ;
2. Plaisir de voir les fleurs de lotus de la Terre pure s'ouvrir pour la première fois ;
3. Plaisir d'être doué d'un corps qui porte les marques de l'excellence et des divins pouvoirs surnaturels ;
4. Plaisir de la Terre pure, qui donne jouissance aux cinq sens ;

1. D'après le *Yuga-ron*.

5. Plaisir de ne pas perdre la joie ;

6. Plaisir de sauver des proches ;

7. Plaisir de rencontrer les bodhisattvas qui habitent la Terre pure ;

8. Plaisir de voir le Bouddha et d'écouter la Loi du Bouddha ;

9. Plaisir de rendre hommage au Bouddha tant que l'on veut ;

10. Plaisir d'avancer dans la voie menant à l'éveil suprême.

1. Plaisir de voir les bodhisattvas qui viennent accueillir le pratiquant au moment de sa mort

Au moment de mourir, un homme qui a commis beaucoup de mauvaises actions pendant sa vie éprouve une grande douleur, causée comme par de violents mouvements et par une chaleur intense, car, d'abord, l'énergie s'affaiblit et la température du corps descend.

Quant à l'homme qui a accompli beaucoup de bonnes actions, il n'éprouve pas de douleur, car sa maladie progresse lentement. Quittent d'abord son corps les éléments du corps que sont la terre et l'eau. Plus encore, pour le pratiquant qui a accumulé des mérites grâce au *nembutsu* et qui a pensé au *nembutsu* pendant longtemps, une grande joie emplit son cœur au moment de sa dernière heure. Parce que, conformément aux vœux déjà accomplis, le bouddha Amida, répandant une grande lumière, accompagné de beaucoup de bodhisattvas et de cent mille moines, se trouve devant lui. Alors, le bodhisattva Kannon, à la grande compassion, qui a accumulé cent bons mérites, s'avance devant le pratiquant du *nembutsu*, en tendant les mains pour lui offrir un *rendai* ou un support fait de lotus. En même temps, le bodhisattva Daiseishi le loue, avec beaucoup de saints, et lui tend la main pour le mener dans la Terre pure. À ce moment-là, le pratiquant lui-même voit ce merveilleux spectacle et son cœur est empli de joie. Son cœur et son corps se tranquillisent, comme s'il entrait en extase.

Il faut savoir qu'au moment même où il ferme les yeux dans sa chaumière, il s'assoit sur le *rendai* dans la Terre pure. Entouré des bodhisattvas, il suit le bouddha Amida et, en un instant, il renaît dans la Terre pure[1].

Le plaisir que l'on goûte dans le ciel de Tori, quelques centaines de millions d'années durant, et la joie que l'on connaît dans le palais du ciel de Daibon, tout cela n'est rien à côté du plaisir qu'est le moment de la renaissance dans la Terre pure. Parce que, dans ces cieux, on ne peut pas échapper à la répétition des naissances et des morts, incessante comme le mouvement de la roue d'un véhicule, ni même aux trois mauvais chemins que sont l'enfer, le monde des animaux et le monde des esprits affamés.

Heureusement, l'homme peut quitter à tout jamais ce monde de douleurs. S'il monte ainsi sur la paume de la main du bodhisattva Kannon et qu'il se trouve dans la matrice du lotus orné de joyaux, il peut aussi renaître dans la Terre pure. La joie ressentie à cet instant ne peut s'exprimer en paroles.

Ryuju dit, dans son hymne :

« Ceux qui peuvent renaître dans la Terre pure après leur mort
Peuvent avoir des vertus sans mesure.
Je cherche donc refuge auprès du bouddha Amida. »

1. Résumé des sutras *Kanmuryojukyo* et *Byodokakukyo*.

2. Plaisir de voir les fleurs de lotus de la Terre pure s'ouvrir pour la première fois

Le deuxième plaisir est celui que le pratiquant du *nembutsu*, après être né dans la Terre pure, éprouve en voyant les fleurs de lotus s'ouvrir pour la première fois.

Cette joie est quelque cent mille fois plus grande que celle qu'il imaginait auparavant. Elle ressemble à celle d'un aveugle qui voit pour la première fois ou à celle qu'éprouve une personne de condition inférieure pénétrant soudain dans un palais.

À voir son corps, le pratiquant remarque déjà qu'il brille d'une couleur dorée, qu'il porte un vêtement orné de pierres précieuses naturelles et qu'il est couvert d'innombrables parures, tels des anneaux, des bracelets et une couronne de bijoux.

Aussitôt qu'il lève les yeux vers la lumière émise par le bouddha Amida, ses yeux voient clair. Et du fait des bonnes actions accomplies dans sa vie antérieure, il peut écouter les sermons sur la Loi du Bouddha. Tout ce qu'il voit et entend est merveilleux. Le ciel est tellement empli d'ornements que le fidèle en perd son chemin. La voix du Bouddha qui prêche la Loi retentit dans tout le pays de la Terre pure.

Des édifices somptueux et de bois se réfléchissent dans des étangs. Des canards sauvages, des oies sauvages et des canards mandarins volent en bandes, çà et là. On peut voir renaître, dans les pays de Bouddha qui s'étendent dans les dix directions de l'univers, les êtres qui se succèdent serrés comme une pluie d'averse ; ou bien les bodhisattvas qui, aussi nombreux que les grains de sable du Gange, viennent de ces pays de Bouddha à la Terre pure.

Dans la Terre pure, il y a aussi ceux qui montent au sommet de l'édifice pour regarder au loin de tous côtés ; ceux qui, se trouvant dans le palais, flottent dans l'air, et qui récitent le sutra ou prêchent la Loi de Bouddha. Le même spectacle se déroule sur la terre et dans les bois. On en voit ici, çà et là, qui se baignent dans un cours d'eau, qui jouent de la musique, qui répandent des fleurs, et qui adorent et louent le Bouddha en tournant autour de l'édifice.

Ainsi d'innombrables nymphes célestes et saints s'y amusent-ils à leur guise. Plus encore, cette Terre est pleine d'innombrables bouddhas transformés et de bodhisattvas montés sur des nuées en forme de fleur ou parfumées. On ne peut décrire toutes ces scènes.

Au loin, on peut contempler le bouddha Amida assis sur un lotus de bijoux, au milieu de l'étang de joyaux, comme le roi de la montagne d'or. Le bodhisattva Kannon et le bodhisattva Daiseishi, l'air solennel, sont assis sur des lotus de bijoux, des deux côtés du bouddha Amida, pour le servir. D'innombrables saints les entourent respectueusement.

Ou, sur la terre parsemée de pierreries, des arbres en bijoux sont alignés. Sous chaque arbre, se trouvent un bouddha et deux bodhisattvas qui émettent une lumière ressemblant à une grande torche allumée dans l'obscurité de la nuit.

À ce moment, le bodhisattva Kannon et le bodhisattva Daiseishi viennent devant le pratiquant pour lui adresser des paroles pleines de tendresse. Le pratiquant descend du *rendai* et se prosterne sur le sol pour adorer le bouddha Amida. Il suit les deux bodhisattvas, arrive aux pieds du bouddha Amida, se prosterne devant les degrés en émaux et lève les yeux vers le bouddha Amida à la grande vertu. Écoutant l'enseignement de la vérité et accomplissant la pratique selon les vœux du bodhisattva Fugen, il est touché jusqu'aux larmes et l'admiration pour le bouddha Amida le transperce jusqu'aux os.

Pour la première fois depuis son entrée dans la Terre pure, il a atteint l'état de bouddha auquel il n'aurait jamais pu parvenir dans ce bas monde. Maintenant, il contemple le magnifique spectacle dont il avait lu la description, jadis, dans les sutras. Quelle joie il ressent[1] !

Ryuju dit, dans son hymne :

« Même si l'on se conduit bien,
Si l'on doute du Bouddha,
Les fleurs du lotus ne s'ouvriront pas.
Devant l'homme pieux qui ne doute jamais,
Les fleurs du lotus s'ouvriront
Et celui-là pourra voir le Bouddha. »

3. Plaisir d'être doué d'un corps qui porte les marques de l'excellence et des divins pouvoirs surnaturels

Les êtres de la Terre pure ont un corps doré dont l'intérieur comme l'extérieur sont purs. Ils émettent toujours de la lumière et s'éclairent les uns les autres. Portant les trente-deux marques, qui sont les caractéristiques du Bouddha, ces habitants sont très beaux. Auprès d'eux, les hommes de ce monde ne sont rien… Si l'on compare le roi du sixième ciel aux êtres de la Terre pure, le premier ressemble au mendiant à côté du souverain.

Par ailleurs, tous ces êtres possèdent cinq sortes de pouvoirs divins, surnaturels, dont l'efficacité est trop

1. Résumé du sutra *Kanmuryoju-kyo*, entre autres.

admirable pour être imaginable. S'ils veulent voir les terres qui s'étendent dans les dix directions de l'univers, ils le peuvent sur l'instant, sans quitter leur place. Ils peuvent reconstituer tous les événements de leurs vies antérieures comme s'ils se produisaient au même moment. Ils peuvent aussi voir le cœur des habitants des six mondes, aussi clair qu'une image qui se réfléchit dans un miroir limpide. Ils peuvent aller et venir librement dans les nombreux pays du Bouddha comme s'ils se déplaçaient dans un cercle d'un *shaku* (trois centimètres). Ils peuvent aller et venir instantanément entre quelque cent milliards de pays.

Dans le monde humain, est-il quelqu'un qui soit doué des trente-deux marques d'excellence ou qui possède un seul des cinq pouvoirs surnaturels ? Il n'y a rien pour éclairer, que les lampes et le soleil. À moins de marcher, on ne peut aller nulle part. Même une feuille de papier nous empêche de voir au-delà. On ne peut rien prévoir, pas même un petit instant à l'avance. Comme on n'a jamais pu sortir de la cage de ce monde, on ne peut rien faire sans entrave.

Parmi les êtres de la Terre pure, il n'y a personne qui ne soit doué de ces vertus. Pour y obtenir la vertu que sont les marques d'excellence, pas besoin de bonnes actions pendant quelque cent *ko*. Pour y obtenir la vertu des pouvoirs surnaturels, pas besoin d'accomplir les quatre sortes de pratiques bouddhiques. Une fois nés dans la Terre pure, ils sont dotés de ces vertus comme fruits d'une bonne rétribution.

Quel plaisir[1] !

---

1. Nombre de ces phrases sont tirées du *Daimuryojukyo*, du *Kanmuryojukyo* et du *Byodokakukyo*.

Hymne écrit par Ryuju :

« Dans la Terre pure,
Hommes et dieux ont le même visage,
Qui ressemble au sommet d'une montagne d'or.
Puisque cette terre est le bon lieu du bon refuge,
On adore le bouddha Amida, maître de ce pays.
Les êtres, une fois nés dans ce pays,
Ont des yeux et des oreilles de dieux,
Qui peuvent voir sans obstacle les univers des dix régions.
On adore donc le bouddha Amida, le plus vénérable des saints. »

Les êtres de la Terre pure ont des forces transcendantes. On obéit donc au bouddha Amida et on l'adore.

4. Plaisir de la Terre pure, qui donne jouissance aux cinq sens

Conformément aux quarante-huit vœux solennels, tous les êtres qui résident dans ce pays sont magnifiquement beaux. Tout ce qu'on peut y voir est infiniment pur et beau. Tout ce qu'on peut y entendre est la voix qui invite à la délivrance. Il en va de même pour la satisfaction de tous les autres sens : odorat, goût et toucher.

La terre de ce pays, grande et sans limite, est composée de béryl. Ses routes, égales et plates, sont balisées de cordes dorées. Le sol qui brille avec subtilité et pureté est recouvert de superbes tissus sur lesquels marchent les êtres de ce pays.

Aux frontières de ces terres de pierres précieuses, se dressent cinq cents milliards de palais et d'édifices somptueux, dont la hauteur et la largeur varient selon le cœur des habitants. Sur les lits et les sièges ornés de trésors sont étendus de belles étoffes. Les sept étages des balustrades des palais sont ornés de cent milliards de drapeaux et sont décorés de boules ainsi que de bannières et de tapisseries en bijoux.

À l'extérieur des palais et des somptueux édifices, des nymphes célestes jouent d'instruments de musique et chantent pour célébrer la gloire du Bouddha.

À l'intérieur et à l'extérieur, des deux côtés de la salle de prédication, du monastère, des palais et des édifices somptueux, il y a divers étangs où se baigner. Le fond de l'étang d'or est recouvert de sable d'argent ; le fond de l'étang d'argent, de sable d'or, celui de l'étang de cristal, de sable de béryl ; celui de l'étang de béryl, de sable de cristal. De même les fonds des autres étangs sont recouverts de coraux, d'ambre jaune, de tridacnes, d'agathes et autres pierres précieuses. Chaque étang est empli d'une eau aux huit vertus[1], assez claire pour que soient visibles, au fond, les sables précieux qui rayonnent. Elle apaise de nombreux maux, telles la faim et la soif, elle humecte tous les organes du corps et permet d'accomplir de bons actes.

Les marches des chemins d'accès sont constituées de nombreuses pierres précieuses ; l'étang est recouvert de fleurs en trésors. Les lotus bleus répandent une lumière bleue ; les lotus jaunes une lumière jaune ; les lotus rouges et les blancs diffusent chacun leur lumière particulière. Quand la brise souffle doucement, les fleurs lumières se balancent. Dans chaque fleur se

1. Les huit vertus sont : la clarté, la pureté, la fraîcheur, la délicatesse, la légèreté, la douceur, le lustre et le calme.

trouve un bodhisattva ; dans chaque lumière, on peut voir des bouddhas transformés.

Les vagues vont lentement, en multiples ondes. Le courant n'est ni lent ni rapide ; il s'écoule tranquillement. Le son des vagues, si exquis, prêche la Loi du Bouddha. Il prêche la douleur, la vacuité, l'impersonnalité et les pratiques bouddhiques. Il prêche aussi les qualités du Bouddha.

Le son de son cours se transforme en voix de la grande bienveillance, de la grande piété, en celle de la conviction que les dharmas ne naissent pas, ce qui suscite dans le cœur des auditeurs une grande joie qui mène à la joie de l'éveil suprême et à la voie pour devenir bodhisattva et *shomon* (les saints indiens).

De beaux oiseaux, faits de cent trésors, tels le canard sauvage, l'oie sauvage, le canard mandarin, le cormoran, l'aigrette, l'oie, la grue, le paon, le perroquet… chantent à belle voix, jour et nuit, six fois par jour, pour commémorer le Bouddha, la Loi et la communauté des moines, et pour prêcher les cinq facultés morales, les cinq forces et les sept facteurs pour cultiver la sagesse de l'éveil.

Ici, même le mot douleur des trois mondes n'existe pas ; il y a seulement le son qui procure un plaisir naturel aux auditeurs. Quand des bodhisattvas et des *shomons* entrent dans l'étang de trésors pour se baigner, ils peuvent régler à leur gré la profondeur de cet étang. La crasse de leur cœur est supprimée et leur corps devient propre.

Après s'être purifié l'âme et le corps, chacun quitte l'endroit. Les uns montent au milieu des airs, les autres se retrouvent sous les arbres. Tels expliquent les sutras ; tels récitent les sutras et tels, pour être initiés aux sutras, les écoutent. Il y a encore ceux qui s'assoient pour méditer, et ceux qui se promènent.

Parmi eux, ceux qui n'ont pas encore atteint le premier degré de la voie dans la réalisation de l'éveil peuvent maintenant atteindre ce premier degré. Ceux qui n'ont pas encore atteint le niveau d'*arhat* peuvent à présent l'atteindre. Et ceux qui n'ont pas encore atteint le stade de la non-régression peuvent à présent l'atteindre.

Ainsi, tous les êtres de cette Terre peuvent avancer, degré par degré, dans la voie de la réalisation de l'éveil suprême. Il n'y a personne qui n'en soit pas en joie....

Il y a encore la limpide rivière, au lit recouvert de sables aurifères. Sa profondeur et la température de son eau changent au goût des baigneurs. Beaucoup de gens se réunissent, en excursions, le long de la rivière.

Au bord de l'étang et de la rivière sont plantées des rangées de santals aux feuillages drus. Ces arbres sont ornés d'une à sept sortes de pierres précieuses, par exemple : des feuillages d'or, des branches argentées, des fleurs en corail, des fruits en tridacne. Quand, de temps à autre, la brise souffle dans ces arbres de joyaux, les filets de pierreries s'agitent doucement au gré du vent et les belles fleurs tombent sans bruit. Leur parfum s'exhale au vent et l'eau le répand. Le doux bruissement du vent dans les feuilles s'harmonise merveilleusement aux autres sons ; c'est comme si jouaient ensemble des centaines ou des milliers d'instruments.

Ceux qui écoutent cette harmonie commencent tout naturellement à commémorer le Bouddha, la Loi et la communauté des moines. Même les dix mille sortes de musiques jouées au ciel de Takejizai sont très inférieures à la seule musique que jouent les arbres dans la Terre pure.

Entre les feuilles s'ouvrent des fleurs, sur lesquelles sont posés des fruits qui émettent de la lumière. Cette lumière forme un parapluie de joyaux dans lequel se réfléchissent toutes les choses bouddhiques. Celui qui veut voir les purs et solennels pays de Bouddha situés dans les dix directions de l'univers, il peut les distinguer clairement, entre les arbres. Au-dessus des arbres sont suspendus sept couches de filets de joyaux, entre lesquelles se trouve un palais orné de cinquante billions de belles fleurs, dans lequel de nombreux enfants célestes jouent librement en faisant scintiller leurs parures de bijoux. Ces arbres de sept sortes de joyaux environnent la Terre pure, où partout se trouvent des fleurs parfumées et des herbes molles qui procurent une immense joie à ceux qui les touchent.

Le ciel est couvert de filets enrichis de pierreries, auxquels pendent des clochettes en joyaux qui font tinter le son de l'enseignement du Bouddha. De belles fleurs s'effeuillent çà et là. Des vêtements de bijoux et des parures tombent en volutes, comme des oiseaux volant dans le ciel, et sont offerts devant les bouddhas.

Tous les parfums que l'on veut, parfums pour le corps et *makko* (poudres odoriférantes) répandent une bonne et délicate odeur, qui emplit la Terre pure. Une fois humée cette odeur, les passions qui surgissent sans cesse dans le cœur de l'homme disparaissent naturellement.

Toutes les choses, de la terre au ciel, tels les palais, les fleurs et les arbres, possèdent des centaines de milliers de parfums qui exhalent une odeur suave dans les dix directions de l'univers. Une fois humée cette odeur, les bodhisattvas commencent à pratiquer les exercices bouddhiques.

Ou alors, quand les bodhisattvas ou les *rakan* et autres êtres de la Terre pure veulent prendre leur repas, une table de sept sortes de joyaux se présente spontanément devant eux, sur laquelle sont disposés des bols de sept bijoux, emplis d'une bonne nourriture, dont le goût surpasse celui des nourritures de ce bas monde et du monde du ciel. Son agréable fumet échappe à toute description. De plus, sa saveur, aigre ou douce, s'adapte aux désirs des convives.

À la seule vue de cette nourriture, à la seule respiration de son fumet, le corps devient propre et déborde de vie. Quand le repas est achevé, toute la nourriture disparaît ; quand revient le temps du repas, elle apparaît de nouveau.

Chaque fois que les êtres de cette Terre ont besoin de vêtements, ceux-ci apparaissent aussitôt. De plus, ces beaux vêtements, conformes à l'enseignement du Bouddha sont exactement à leur taille : il n'est point nécessaire de les coudre, de les teindre ou de les laver.

La lumière se répand partout sur cette Terre. On n'a donc besoin ni du soleil, ni de la lune, ni de la clarté d'une lampe. Le froid s'harmonise modérément avec le chaud, il n'est point de différences de saisons, ni printemps, ni automne, ni hiver, ni été. La brise, qui ne souffle naturellement ni trop chaude ni trop froide, procure de la joie au corps humain, comme lorsqu'un moine atteint l'éveil suprême...

Tous ces beaux objets réjouissent ceux qui les voient et qui les écoutent. En outre, non seulement ces objets n'accroissent pas la convoitise dans les cœurs, mais ils leur procurent la volonté d'accumuler des bienfaits.

La Terre pure est la meilleure des innombrables terres de Bouddha qui se trouvent de tous côtés, en haut et en bas, parce qu'elle possède les mérites les plus élevés. La Terre pure possède toutes les caractéristiques de solennité, de pureté et d'excellence qu'ont les vingt et un milliards de terres de Bouddha. Ceux qui méditent sur les aspects de cette Terre pure peuvent effacer les conséquences engendrées par les mauvaises actions qu'ils ont accumulées durant un temps extrêmement long ; et ils peuvent à coup sûr renaître dans cette Terre pure après leur mort[1].

5. Plaisir de ne pas perdre la joie

Dans le monde humain, il n'est rien dont on puisse se divertir. Même celui qui siège sur le trône le plus élevé perd bientôt ses trésors. Même dans le monde des dieux, ou ceux-ci peuvent jouir d'infinis plaisirs, quand leur dernière heure arrive, les cinq symptômes de l'affaiblissement les affectent bientôt.

En outre, même dans le ciel d'Uchoten, le cycle des naissances et des morts continue sans fin. À plus forte raison le plaisir dans les autres mondes est-il trop mince pour être comparé au plaisir du ciel.

Il y a, dans le monde des hommes, une grande distance entre la réalité et le désir. Le plaisir contient toujours la douleur. Le riche ne jouit pas toujours d'une longue vie ; à l'inverse, l'homme qui vit longtemps n'est pas toujours riche. Ou il arrive que l'homme qui était riche hier devienne pauvre aujourd'hui ; et que l'homme qui est né le matin meure le soir.

À ce sujet, il est dit dans le sutra :

« On expire, mais on n'est pas assuré d'aspirer.

---

1. Les passages ci-dessus s'appuient sur le *Muryojukyo*, le *Kanmuryojukyo*, le *Byodokakukyo*, le *Shiikyo*, entre autres).

On aspire, mais on n'est pas assuré d'expirer.

Non seulement la tristesse suit le plaisir mais encore, à son dernier moment, on tombera dans un monde plein de douleurs, à cause des fautes qu'on a commises. »

Quant à la Terre pure, on y jouit d'une joie infinie. Les hommes y sont familiers des dieux ; ils peuvent se voir mutuellement et ils s'aiment tendrement les uns les autres, comme des parents aiment leur enfant unique. Ils se promènent ensemble, çà et là, dans les bois de santal ; ils vont d'un palais à l'autre, au travers des bois autour de l'étang. Si l'on désire de la quiétude, le bruit du vent, celui des ondes et même la musique des instruments à cordes ne parviennent plus aux oreilles. Si l'on désire les voir, montagnes, rivières, vallées apparaissent devant les yeux. De même pour les parfums, le goût, le toucher et les objets à penser, toutes choses se produisent à son gré.

On joue d'un instrument de musique en passant sur le pont suspendu aux cieux. On montre son divin pouvoir surnaturel en montant dans le ciel. Ou bien, l'on accueille à l'entrée de cette Terre pure les bodhisattvas qui habitent dans les autres terres et on les raccompagne jusqu'à la porte des autres terres. On peut partir en excursion avec des dieux et des saints. De plus, on rend visite à ceux qui sont nouvellement nés dans la Terre pure, en disant avec amabilité : « Ah ! Vous êtes nouveau ? Savez-vous que ce lieu est appelé la Terre pure et que le maître de ce monde est le bouddha Amida ? Vous devez croire sincèrement au bouddha Amida. »

On s'assied ensemble sur le *rendai* dans l'étang de joyaux et l'on s'entretient mutuellement de sa vie antérieure : « Autrefois, quand dans mon ancien pays, j'ai fait le vœu de rechercher l'éveil suprême, j'ai lu sérieusement d'anciens sutras, j'ai observé certains préceptes, j'ai pratiqué quelques bonnes actions, et j'ai fait quelques dons. » Chacun parle des qualités qu'il a accumulées de bon gré dans sa vie antérieure et raconte en détails comment il a pu renaître dans cette Terre pure. On s'entretient aussi des moyens de sauver les êtres qu'ont employés les bouddhas régnant sur la multitude des terres dans les dix directions de l'univers. Et l'on s'entretient des moyens de soulager les douleurs des êtres humains qui habitent dans le triple monde…

Dans cette Terre pure, on peut entrer dans l'état de non-régression. On est donc délivré pour l'éternité de la crainte de tomber dans les trois mauvais mondes et de la peur des huit obstacles. Comme la durée de la vie y est éternelle, on échappe aux quatre douleurs de la naissance, de la vieillesse, de la maladie et de la mort. Comme la réalité correspond à ce qu'on pense, on n'éprouve pas la douleur d'être séparé d'êtres aimés. Considérant impartialement les gens avec un regard plein de compassion, on n'éprouve pas la douleur de rencontrer des gens détestables. Comme on est récompensé de ses bonnes actions d'autrefois, on n'éprouve pas la douleur d'être impuissant à réaliser ses désirs. Grâce à un corps résistant comme le diamant, on n'éprouve pas la douleur que causent les violentes passions. Une fois né sur le *rendai* orné de sept joyaux, on peut quitter les mondes de douleurs, régis par le cycle des naissances et des morts.

Quand on désire renaître dans une autre terre de bouddha, on peut quitter cette Terre d'Amida. Cela n'est pas conséquence d'actions passées, mais d'un souhait personnel.

Dans la Terre pure, les mots de non-douleur et de non-plaisir n'existent pas ; encore moins les douleurs elles-mêmes...

6. Plaisir de pouvoir sauver les proches

On ne peut réaliser de son vivant ce qu'on désire dans son cœur. Tel est ce qui arrive souvent en ce bas monde. Par exemple : l'arbre veut se calmer mais le vent ne s'apaise pas. Les parents meurent sans bénéficier de la piété filiale que les enfants voudraient leur montrer. On désire réaliser ses aspirations, mais on n'en a point la force parce qu'on ne peut supporter une vie pauvre. Il en va de même pour le souverain et les sujets, pour le maître et les disciples, pour la femme, les enfants et les amis, pour tous ceux qui ont fait le bien et pour tous les proches.

S'épuisant par sottise et par passion, on accumule les actions qui produisent le samsara. De plus, chacun renaît dans un monde différent, selon les actions accomplies dans les vies antérieures. Personne ne sait dans quel monde il naîtra, ni sous quelle forme il naîtra (les *shisho*, les quatre modes de naissance des êtres).

Voyant des animaux et des oiseaux, qui peut deviner lesquels furent leurs précédents parents ?

Une poésie du *Shinjikankyo* chante :

« Commettant beaucoup de péchés à cause de leurs enfants,
Les parents de ce monde tombent dans les trois mondes.
Ils doivent y endurer de nombreuses peines pendant longtemps.
Quant aux enfants qui ne sont pas des saints,

Ils ne peuvent deviner qui, dans le samsara, sont leurs parents.
Dans la répétition continuelle des naissances et des morts,
Des êtres naissent dans les six mondes.
Ce samsara se répète sans fin comme le mouvement d'une roue.
Au cours de cette longue répétition des naissances et des morts,
Une fois, ils deviennent parents,
Une fois, ils deviennent enfants,
Les uns contractent des obligations vis-à-vis des autres. »

Tandis que si l'on naît dans la Terre pure, on aura l'esprit clair et les divins pouvoirs surnaturels. Chacun pourra donc amener dans la Terre pure, à son gré, ceux qui lui ont accordé des bienfaits et ceux qui lui ont été proches dans le cycle des naissances et des morts. Il peut y découvrir, du fait d'une surnaturelle perspicacité, dans quel monde ils sont nés. Il peut y entendre, du fait d'une surnaturelle acuité, ce qu'ils disent. Il peut se rappeler, du fait d'une surnaturelle disposition à se rappeler le passé, les bienfaits reçus dans les vies antérieures. Il peut lire, du fait d'une surnaturelle disposition à pénétrer ce que les autres pensent, dans le cœur des autres. Il peut aller, du fait de jambes surnaturelles, n'importe où comme il veut. En usant d'adroits moyens et en se métamorphosant, il peut enseigner et amener les autres dans la Terre pure.

Comme il est écrit dans le *Byodokaku-kyo* :

« Tous les êtres de la Terre pure peuvent savoir où ils sont nés dans leur vie antérieure, ce qui concerne le passé, le présent et l'avenir de tous les univers, et ce que pensent et veulent dire les dieux, les hommes ou même les insectes qui sautent et qui grouillent.

De plus, les êtres de la Terre pure peuvent prévoir en quel *kalpa* les autres êtres pourront naître dans la Terre pure, ou ils suivront la voie de bodhisattva pour atteindre à l'illumination de l'*arhat.* »

Comme le bodhisattva Fugen en a fait vœu, selon le *Kegon-kyo* :

« Plût à vous, bouddha Amida, que je puisse, à ma dernière heure, arracher les obstacles qui me séparent de l'illumination et vous voir. »

« Quand je serai né dans la Terre pure, j'accomplirai certainement mon grand vœu, qui est de sauver tous les êtres. » Le bodhisattva Fugen s'est engagé à sauver même les personnes éloignées, encore plus les personnes intimes...

7. Plaisir de rencontrer les bodhisattvas habitant dans la Terre pure

Au sujet du plaisir de rencontrer les saints dans la Terre pure, l'*Amida-kyo* relate : « Les êtres qui ont appris ce qui concerne la Terre pure doivent faire le vœu de naître dans cette Terre. Parce qu'ils peuvent rencontrer de nombreux saints réunis au même endroit. »

Les vertus et la bonne conduite des bodhisattvas et des saints dans cette Terre sont trop extraordinaires pour être imaginables.

Voici ce que dit le bodhisattva Fugen :

« Il y en a qui n'ont pas accompli de bonnes actions
Et d'autres qui n'en ont accompli que quelques-unes, tels les *shomons*,
Et qui n'ont pu entendre mon nom, encore moins voir mon corps.

Ceux qui ont pu entendre mon nom peuvent parvenir à l'état de bouddha,
Et ne régressent plus dans la voie qui mène à l'éveil suprême.
Il en va de même pour ceux qui ont vu mon corps et entendu mon Nom dans un de leurs rêves[1]. »

On peut lire encore, dans le même sutra :
« J'*(le bodhisattva Fugen)* accompagne toujours les êtres humains
Et j'accomplis éternellement les grandes pratiques
Pour réaliser l'éveil suprême.
La figure de Fugen est vaste comme le ciel.
Fugen demeure dans le monde de la Vacuité ultime.
Il découvre sa vaste figure aux êtres, comme ils le désirent.
Auprès des bouddhas de tous les pays, il pratique diverses sortes de concentration pour manifester ses forces transcendantes.
Chaque force transcendante se répand entièrement dans la multitude des territoires qui s'étendent dans les dix directions de l'univers.
Ces forces transcendantes peuvent se répandre non seulement dans toutes les terres de bouddhas mais aussi jusque dans la poussière de la Terre pure. »

D'après un poème du *Shinjikan-kyo* :
« Le Bouddha Monju est la mère des bouddhas du passé, du présent et de l'avenir. C'est grâce à la puissance d'instruction de ce bodhisattva Monju que les bouddhas dans les dix directions ont fait vœu d'atteindre l'éveil.

1. Résumé d'après le *Kegon-kyo*.

Il est inestimable que tous les êtres vivants dans tous les mondes puissent réaliser l'éveil suprême en écoutant le nom de Monju, en contemplant sa figure, sa lumière et ses diverses métamorphoses. »

Ceux qui entendent seulement le nom de Monju peuvent échapper aux péchés graves causés durant 1 200 millions de *ko* de la répétition continuelle des naissances et des morts. Ceux qui l'ont adoré et vénéré peuvent toujours naître dans leur vie future chez les adeptes du bouddhisme. En outre le bodhisattva Monju vient auprès de ceux qui ont récité son nom pendant une période d'un à sept jours. Ceux qui, portant encore les péchés d'une vie antérieure, peuvent voir en rêve la figure de Monju sont exaucés. Ceux qui ont vu la figure de Monju ne tombent pas dans les trois mauvais mondes durant un milliard de *ko*. Ceux qui ont pitié des autres peuvent tout de suite voir Monju…

Les mérites du bodhisattva Miroku sont illimités. Par exemple, ceux qui n'ont entendu que son nom peuvent échapper à l'enfer. Ceux qui ont récité son nom, ne serait-ce qu'une seule fois, peuvent échapper aux péchés qui causent, durant 1 200 *ko*, la répétition continuelle des naissances et des morts. Ceux qui croient fermement au bodhisattva Miroku peuvent atteindre l'éveil suprême, d'où ils ne régresseront plus[1]. Pour ceux qui ont admiré et adoré le bodhisattva Miroku, leurs péchés, qui causent la répétition continuelle des naissances et des morts durant d'innombrables et incommensurables périodes, sont effacés par leur foi en ce bodhisattva[2].

1. Résumé du *Josho-kyo*.
2. Cette phrase résume le *Kokuzo-kyo* et le *Butsumyo-kyo*.

Le bodhisattva Jizo accomplit chaque matin un grand nombre d'exercices de concentration mentale. Il entre dans tous les univers pour supprimer la douleur des êtres. Ses vœux de compassion sont meilleurs que ceux d'autres bodhisattvas[1].

Le bodhisattva Kanzeon affirme que : « Si les êtres vivants qui souffrent de douleurs proclament trois fois mon nom, je les sauverai. Sinon, je préfère ne pas devenir bouddha[2]. »

Dans une poésie du *Shokannon-gyo*, il est dit :

« Les êtres, s'ils écoutent le nom du bodhisattva Kanzeon,
Pourront échapper à la souffrance
Et atteindre l'éveil suprême.
Moi (Kanzeon), d'une grande compassion,
J'irai en enfer pour endurer avec aisance la douleur
En remplacement des êtres vivants. »

Dans le *Hokkekyo*, il est dit :

« Le bodhisattva Kannon qui servait des myriades de bouddhas
A prononcé son grand et pur vœu.
Son Vœu est profond comme la mer.
Même si on tentait de l'imaginer pendant quelques ko,
Cette profondeur demeurerait inconcevable.

Ce bodhisattva, qui possède une force surnaturelle,
S'exerçant avec des pratiques pleines de sagesse,
Se manifeste dans les terres des dix directions de l'univers.

Ne doutez pas, même un instant, de sa grande force !

1. Résumé du *Jurin-gyo*.
2. D'après le *Gumyokaie-kyo*.

Il est le saint digne de confiance
Pour ceux qui souffrent ou pour ceux au seuil de la mort.
Ce bodhisattva qui dispose de toute la grande qualité
Considère les êtres vivants d'un regard plein de compassion.
Il faut donc vénérer de tout cœur le bodhisattva Kannon. »

Le bodhisattva Daiseishi dit :

« J'ai le pouvoir de sauver les êtres tombés et égarés dans les mauvais mondes[1]. »

Ce bodhisattva, qui fait jaillir la lumière de la sagesse en tout, possède la grande faculté de tirer les êtres des trois mauvais mondes. On le nomme donc Daisishi. Pour ceux qui contemplent ce bodhisattva en leur cœur, les péchés graves et innombrables, commis durant le cycle des naissances et des morts, peuvent être effacés et ils peuvent toujours se distraire dans la terre pure des bouddhas, sans renaître dans la matrice humaine[2].

Ailleurs, on chante :

« Les deux bodhisattvas, Kannon et Daiseishi, ont une grande gloire.
Ils sont doués de mérites et de sagesses sans nombre,
Ils sont pleins de compassion et sauvent les êtres du monde.
Ils peuvent venir très facilement, comme s'ils jouaient dans ce monde.
Il est très difficile de rencontrer ces saints.
Il faut donc leur rendre hommage et les adorer. »

1. D'après le *Hojaku-kyo*.
2. Résumé du *Kan-gyo*.

Ainsi y a-t-il dans la Terre pure d'innombrables bodhisattvas déjà prêts à devenir bouddha dans leur vie future. Ils sont majestueux, ont toutes les qualités et entourent toujours le bouddha Amida. De même, le nombre des *shomons* est incalculable. Ils sont doués d'une sagesse surnaturelle et travaillent énergiquement avec volonté. Ils peuvent avoir tous les univers entre leurs mains...

Ryuju écrit dans son poème :

« Les bodhisattvas de cette Terre sont parés
Des diverses marques de l'excellence.
J'ai donc absolue confiance en ces bodhisattvas et je les adore.
Ils se trouvent au-dessus de la prison du triple monde,
Et leurs yeux sont comme des feuilles de lotus.
Il y a aussi de nombreux *shomons* sur cette Terre.
Je m'incline donc devant les bodhisattvas de la Terre pure et je les adore. »

Ryuju ajoute :

« Déployant leur force surnaturelle,
Les bodhisattvas qui sont venus jusqu'à cette Terre pure
Des pays des dix directions,
Adorent le bouddha Amida et le respectent toujours.
Je vénère donc le bouddha Amida
Et je lui offre de tout mon cœur mes hommages. »

8. Plaisir de voir le Bouddha et d'écouter la Loi du Bouddha

Dans ce monde, il est très difficile de voir le Bouddha et d'écouter la Loi du Bouddha. Le bodhisattva Shishiku dit :

« Nous pratiquions des exercices bouddhiques pendant d'innombrables kalpa. Nous avons maintenant rencontré Sakyamuni. C'est une chance très rare, comme si une tortue aveugle rencontrait un morceau de bois flottant sur la grande mer. »

Sakyamuni, quand il était *setsusen doji* dans une vie antérieure, put enfin connaître la dernière partie d'une poésie en se jetant dans la gueule d'un *rasetsu* (un ogre). Le bodhisattva Jotai est allé loin pour rechercher la perfection de la sagesse, en se déchirant le foie. Si les bodhisattvas sont enthousiastes dans leur recherche de la vérité, à plus forte raison, les profanes doivent-ils la rechercher avec ferveur.

Pendant vingt-cinq ans Sakyamuni a vécu dans le château de Shae. Des neuf cents millions de foyers de son pays, trois cents millions purent voir Sakyamuni ; trois cents millions purent seulement écouter son enseignement ; les trois cents millions restants ne purent ni le voir ni l'entendre. Même du vivant de Sakyamuni, il fut donc difficile d'écouter l'enseignement du Bouddha. Aussi le fut-il encore davantage après sa mort.

Le sutra *Hokke* chante :

« Ces êtres, pleins de péchés à cause de leurs mauvais actes,
Ne peuvent pas entendre le seul nom des Trois Joyaux,
Encore moins, après d'innombrables et incalculables périodes
Qui se sont écoulées. »

Tandis que les êtres de la Terre pure peuvent toujours voir le bouddha Amida et écouter la Loi du Bouddha si profonde et si merveilleuse. On dit que sur la Terre pure se trouvent les arbres de l'illumination qui étendent largement leurs branches et leurs feuilles composées de toutes sortes de joyaux. De plus, ces arbres sont recouverts de filets enrichis de pierreries et, entre ces branches, pendent des décorations en joyaux. Le bruissement du vent entre leurs branches se transforme en une voix qui prêche la Bonne Loi. Cette voix se répand partout jusqu'aux nombreuses terres de bouddha. Ceux qui ont entendu cette voix peuvent obtenir la conviction relative aux dharmas, entrer dans l'état sans régression. Et leur ouïe s'aiguise.

De même leurs autres organes sensoriels deviennent-ils clairs lorsqu'ils regardent la couleur de ces arbres, qu'ils en hument le parfum, qu'ils en goûtent les fruits, qu'ils touchent leur lumière et qu'ils en voient la forme. Jusqu'à ce qu'ils atteignent l'état de bouddha, leurs six sens demeurent clairs.

Au pied de ces arbres se trouve le siège solennel du Bouddha. Sur ce siège est assis le Bouddha dont l'aspect est infiniment magnifique. Sur sa tête, il y a le *nikukei* (protubérance sur le sommet de la tête), d'un bleu pur comme un ciel serein. Ses poils d'argent entre les sourcils bouclent à droite et sont baignés de lumière comme à la lune d'automne. Il a les yeux tels des lotus bleus ; la lèvre tel un fruit rouge ; la voix comme celle de l'oiseau Karyobinga, une belle poitrine telle celle d'un lion ; de fortes jambes comme celles du roi Senroku, la plante de ses pieds porte le motif du filet...

Ainsi le Bouddha possède-t-il 84 000 marques sur son corps, qui émettent des rayons de lumière aussi clairs et larges que ceux du soleil et de la lune. Quand le Bouddha prêche la bonne Loi dans la salle ornée de sept joyaux, la beauté de sa voix ravit l'assistance. Les êtres de la Terre pure, les bodhisattvas, les *shomons* et les dieux qui lui rendent hommage de tout cœur en joignant les mains lèvent les yeux vers la sainte face du Bouddha. Alors, la brise souffle naturellement entre les arbres aux sept joyaux et de belles et nombreuses fleurs s'effeuillent partout sur le sol. Toutes les nymphes jouent une musique céleste. On ne peut dénombrer les multiples joies qui emplissent le cœur de l'auditoire.

Le Bouddha montre son immense taille de six ou huit *shaku* ; il se trouve sous les arbres de joyaux ou sur l'étang de joyaux. Il prêche avec une grande facilité des enseignements différents pour chacun selon les actions qu'il a accomplies dans sa vie antérieure et selon les vœux qu'il a formés dans son cœur, dans sa recherche du chemin menant à l'éveil suprême. Par son sermon, le Bouddha fait immédiatement comprendre à chacun la vérité de la Loi et il conduit facilement tout le monde à l'éveil suprême. Ainsi prêche-t-il selon la capacité qu'a chacun à recevoir son enseignement et il répond à chacun différemment.

Le bodhisattva Kannon ainsi que le bodhisattva Seishi se tiennent toujours aux deux côtés du Bouddha et ils distinguent le bien et le mal. Le Bouddha toujours assis face à ces bodhisattvas les consulte sur les pays bouddhiques des dix directions et sur les choses de l'avenir et du présent.

Des pays de bouddha de l'est aussi nombreux que les sables du Gange, tous les innombrables bodhisattvas viennent auprès du bouddha Amida pour le vénérer et pour lui rendre hommage. De même, des bodhisattvas et des *shomons* des pays de bouddhas du sud, de l'ouest, du nord, de tous les côtés, du haut du bas, viennent auprès du bouddha Amida. Touchés par l'inconcevable beauté de cette Terre pure, ils prennent l'immense résolution de faire de leur pays un pays aussi magnifique que cette Terre.

Alors le bouddha Sakyamuni a le sourire aux lèvres, d'où sort une lumière qui illumine tout, dans les dix directions des univers. Et cette lumière revient jusqu'au Bouddha autour duquel elle fait trois tours avant d'entrer dans le sommet de sa tête. Voyant cela, les êtres de la Terre pure bondissent de joie. Le bodhisattva Kannon, après avoir arrangé sa tenue, s'incline devant le Bouddha et le questionne : « Pour quelle raison avez-vous souri ? Veuillez me le dire, je vous en prie. » À ce moment-là, le Bouddha fait sonner ses huit voix magnifiques comme un coup de tonnerre ; il prédit que le bodhisattva Kannon deviendra un jour bouddha et lui annonce : « Écoutez bien. Je connais tous les souhaits des bodhisattvas qui sont venus des pays des dix directions des univers. Ils cherchent la Terre pure solennelle où leur sera prédit qu'ils deviendront un jour bouddha.

Ces bodhisattvas, qui comprennent que toutes choses de ce bas monde sont comme un rêve, un fantôme ou un écho, accompliront leurs vœux, édifieront certainement des pays aussi magnifiques que la Terre pure. Ils accompliront les exercices de la pratique bouddhique, rempliront les qualités, recevront la prédiction et deviendront un jour des bouddhas, comprenant que tous les êtres de ce bas monde sont vacuité et impersonnalité, ils chercheront uniquement la Terre pure et établiront des pays semblables. »

Non seulement la voix du Bouddha, mais aussi celle des oiseaux aquatiques et des arbres, prêchent la Bonne Loi. Tous ceux qui veulent écouter peuvent donc écouter naturellement ces prêches.

En dehors de la Terre pure, dans quels pays pourrait-on éprouver la joie d'écouter cette Bonne Loi ?

Dans son hymne au bouddha Amida, Ryuju dit :
« Sur les fleurs dans l'étang aux bijoux
Dont le fond est recouvert d'or,
Il est un beau piédestal fait de racines de bien,
Le bouddha Amida se tient sur ce piédestal comme le roi de la montagne.
Donc, j'adore le bouddha Amida.
Tous les êtres de ce bas monde
Sont impermanents et impersonnels.
Ils sont aussi comme la lune reflétée par l'eau,
Comme l'éclair, comme l'ombre et comme la rosée.
Le bouddha Amida enseigne aux êtres
Que les choses n'ont pas de nom.
Donc, j'adore le bouddha Amida.
Je souhaite pouvoir renaître dans la Terre pure avec tous les êtres. »

9. Plaisir de rendre hommage aux bouddhas autant que l'on veut

Les êtres de la Terre pure, portant des fleurs du ciel, rendent hommage au bouddha Amida six fois par jour. Quand ils désirent rendre hommage à d'autres bouddhas qu'Amida, ils s'inclinent devant celui-ci, les mains jointes de sa réponse. Un grand nombre d'êtres de la Terre pure volent en tous sens, les uns suivant leurs compagnons. Ils arrivent enfin auprès des innombrables bouddhas, les adorent et les vénèrent avec sincérité.

Ainsi offrent-ils tous les matins à d'autres nombreux bouddhas toutes sortes de belles fleurs dans des corbeilles. Ils leur rendent hommage en déposant des offrandes, telles des étoffes ou de la musique que ceux-ci souhaitent. Ensuite, ils rentrent prendre leur repas dans la Terre pure. Après le repas, ils se promènent et jouissent de la Loi bouddhique. Ou on dit que tous les jours trois fois par vingt-quatre heures, ils rendent hommage aux bouddhas.

Dans ce bas monde, les pratiquants du *nembutsu* peuvent à présent connaître les multiples qualités des pays bouddhiques des dix directions, selon l'enseignement du Bouddha Sakyamuni. Chaque fois qu'ils entendent et voient ces qualités, ils aspirent à ces pays bouddhiques des dix directions et ils soupirent : « Quand pourrons-nous voir les pays purs des dix directions et y rencontrer des bouddhas et des bodhisattvas ? » Et toutes les fois qu'ils lisent les sutras, ils se posent la même question.

Quant à la Terre pure, s'ils ont la chance d'y renaître, qui par ses propres forces, qui par la puissance du Bouddha, tous les pratiquants pourront, en un instant, aller le matin dans tous les pays bouddhiques et en revenir le soir. Et dans ces pays de bouddha des dix directions, ils pourront servir directement les bouddhas, rencontrer les bodhisattvas, écouter la Loi du Bouddha et recevoir la prédiction qu'ils atteindront un jour l'éveil suprême. Après cela, ils pourront revenir dans le monde humain pour réaliser le vœu de Fugen, qui est de sauver les êtres humains. N'est-ce pas une joie[1] ?

Ryuju dit dans son poème :

« Les bodhisattvas de la Terre pure
Servent trois fois le jour les bouddhas des dix directions.
Je m'incline donc devant le bouddha Amida et les bodhisattvas.
Et je les adore. »

1. Résumé d'après l'*Amida-kyo*, le *Byodokaku-kyo*, le *Sokan-kyo*.

10. Plaisir d'avancer dans la voie menant à l'éveil suprême

Il est très difficile en ce bas monde d'accomplir les pratiques bouddhiques. Parce que celui qui éprouve des douleurs est toujours plongé dans la tristesse et que celui qui jouit de plaisirs s'attache toujours au plaisir. Que ce soit la douleur ou le plaisir, dans les deux situations, on est loin de l'éveil suprême. Naître dans le monde des dieux ou tomber dans les enfers, c'est demeurer dans le cycle des naissances et des morts. Même pour l'homme rare qui forme la résolution de rechercher l'éveil suprême et qui veut pratiquer les exercices bouddhiques, il est très difficile d'accomplir ces exercices. Car la passion le menace dans son cœur et les mauvaises conditions l'empêchent de concrétiser sa résolution. Celui qui forme la résolution de devenir un *shomon* ou un *engaku* (un saint indien) tombe dans les trois mauvais chemins.

Même pour les bodhisattvas, il est difficile de réaliser leur résolution de devenir un bouddha. Pour parler par images, les vagues troublent facilement le clair de lune qui se reflète dans l'eau, ou encore la première ligne d'une armée recule sous la poussée ennemie. De même les petits poissons éprouvent-ils du mal à grandir et l'arbre qui porte plus de fleurs que de fruits à donner des fruits. C'est pourquoi des bodhisattvas, tel Sharihotsu, ont renoncé aux pratiques bouddhiques du Grand Véhicule au cours du soixantième *kalpa*.

Seul Sakyamuni a pu suivre sans échec le chemin du bodhisattva par l'accomplissement de pratiques bouddhiques d'innombrables *ko*. Sakyamuni s'est efforcé de sacrifier sa vie pour tous les êtres, fussent-ils aussi petits que la graine de pavot, qui se trouvent dans d'innombrables univers. C'était uniquement pour sauver tous les êtres vivants. Après cela, il put atteindre l'éveil suprême. Personne d'autre que Sakyamuni n'a eu la force de réussir. Tous sont comme un faible éléphanteau tué par la flèche ou le sabre.

Tandis que les êtres de la Terre pure, eux, peuvent continuer à suivre le chemin menant à l'éveil sans régresser à cause de leur propre découragement.

❧ La première de ces raisons est que le Bouddha choisit les êtres dans sa grande compassion ;

❧ La deuxième est que la lumière du Bouddha qui brille toujours sur eux encourage les êtres qui désirent atteindre l'illumination suprême ;

❧ La troisième est que la voix des oiseaux aquatiques, le son des arbres et la musique du *furin* (la clochette suspendue à l'auvent) incitent les êtres à célébrer le Bouddha, la Loi du Bouddha et la communauté des moines.

❧ La quatrième est que les êtres de la Terre pure, qui vivent seulement en communion avec des bodhisattvas n'ont pas de mauvaises raisons qui les poussent de l'extérieur et ils peuvent ainsi maîtriser leurs passions pour ne pas en être esclaves.

❧ La cinquième est que, comme ils vivent éternellement, comme le Bouddha, vie et mort ne les interrompent pas dans l'accomplissement des pratiques bouddhiques.

Dans la poésie du sutra *Kegon*, il est écrit :

« Voir le Bouddha une seule fois purifie du péché,
Combien donc est-on purifié quand on le voit toujours !
Ainsi les êtres de la Terre pure,
Qui n'éprouvent aucun sentiment de possession,
Peuvent-ils librement aller, venir, avancer et s'arrêter, sans obstacles.

Les êtres de la Terre pure qui éprouvent de la compassion envers les êtres
Qui sont dans les pays bouddhiques des dix directions,
Peuvent parvenir à la conviction que les dharmas ne naissent pas.
Puis, élevés au degré où les bodhisattvas savent
Qu'ils atteindront l'état de Bouddha dans la prochaine vie,
Ils atteignent immédiatement l'éveil suprême.
Ils se manifestent sous leurs huit aspects
Devant les êtres des pays bouddhiques des dix directions.
Dans la solennelle Terre pure, ils prêchent en toute occasion la Loi du Bouddha
Pour sauver les êtres des pays bouddhiques des dix directions.
Que les êtres de la Terre pure se rendent dans les pays des dix directions
Pour sauver les autres êtres,
Cela répond au vœu de compassion du bouddha Amida.
N'est-ce pas un plaisir
Que de procurer un tel bénéfice aux êtres des pays bouddhiques ? »

Même si l'on s'adonne aux pratiques bouddhiques toute sa vie, cela ne représente qu'un instant auprès du temps éternel. Pourquoi ne cherchez-vous pas la Terre pure, en sacrifiant toutes les affaires de ce monde ? Que les pratiquants accomplissent des efforts ! Qu'ils ne relâchent jamais leurs efforts[1] !

1. Ces descriptions résument le *Daimuryoju-kyo* et le *Jugi-ron* écrits par Tendai Daishi.

Troisième Volume

La preuve de la Terre pure

Il y a deux points de vue pour prouver la splendeur de la Terre du bouddha Amida :

1. La splendeur de la Terre du bouddha Amida comparée avec des terres pures construites par des bouddhas dans les dix directions de l'univers.
2. Celle de la Terre du bouddha Amida comparée avec le ciel Tosotsu.

1. La splendeur de la Terre du bouddha Amida comparée avec des terres pures construites par des bouddhas dans les dix directions de l'univers.

Question

Il y a de nombreuses terres pures construites par des bouddhas. Pourquoi désire-t-on renaître seulement dans la Terre pure du bouddha Amida qui n'est qu'une terre de l'ouest parmi d'autres terres pures ?

Réponse

Le moine chinois, Chigi (538-597) qui était le patriarche de l'école Tendai, disait : « Beaucoup de sutras et de sâstras recommandent de renaître dans la Terre pure de l'ouest en adorant le bouddha Amida parmi de nombreuses terres pures. Dans les dizaines de sutras et sâstras, dont notamment dans le sutra *Muryojukyo*, dans le sutra *Kangyo* et dans le commentaire Ô *joron*, on recommande assidûment de renaître dans la Terre pure de l'ouest ; par conséquent le Bouddha Sakyamuni recommande de réciter uniquement le nom du bouddha Amida. »

Le moine chinois Chigi lisait tous les sutras et les sâstras quinze fois de suite et il nous recommande de renaître dans la Terre du bouddha Amida. Si nous voulons connaître les bonheurs de la Terre pure, nous devons donc croire en ce que le moine Chigi dit…

Le Bouddha Sakyamuni a dit : « Il n'y a pas de différence entre les terres pures construites par les bouddhas. » Alors, pourquoi le Bouddha Sakyamuni dit-il par ailleurs qu'il faut seulement adorer la Terre pure de l'ouest ?

Dans le sutra *Zuigan Ôjokyo*, le Bouddha Sakyamuni répond à cette question : « Il y a de nombreux hommes avides dans ce bas monde, mais il y a peu d'hommes qui cherchent la foi ; il y a de nombreux hommes qui croient en de fausses idées, mais il y en a peu qui croient au véritable enseignement. Ainsi, même parmi les moines qui ont fait vœu de chercher la Terre pure certains ne pourront pas concentrer suffisamment leur esprit et ne pourront atteindre leur but à cause de l'éparpillement de leur esprit. C'est pourquoi il n'y a pas de différence entre les nombreuses terres pures, mais, si le Bouddha Sakyamuni adore spécialement la Terre pure construite par le bouddha Amida, c'est dans l'intention de donner un but aux êtres. Ils peuvent donc se concentrer sur ce but, c'est-à-dire aller vers la Terre pure de l'ouest. Tout le monde pourrait atteindre le *Satori* ou l'éveil en suivant les vœux du bouddha Amida. Le sutra *Shinjikan-kyo* affirme : « Le disciple du Bouddha doit rendre un culte devant un bouddha ou un bodhisattva. Ce genre de pratique est le point essentiel de la Loi du Bouddha pour quitter l'erreur. » C'est pourquoi il est nécessaire de se concentrer sur un point, donc de cherche seulement un pays de bouddha, c'est-à-dire la Terre pure de l'ouest.

Vous avez dit que pour se concentrer sur un point de l'horizon, on devait contempler la Terre pure de l'ouest. Mais pourquoi vous nous recommandez de contempler seulement la Terre pure de l'ouest, alors qu'il y a beaucoup de terres pures ?

Même si on recommandait d'adorer les autres terres pures et non seulement la Terre pure du bouddha Amida, ce serait la même chose. C'est-à-dire qu'il n'y a pas de différence entre la Terre pure du bouddha Amida et les autres terres pures, car l'affection du bouddha est inestimable, nous ne pouvons que l'adorer et le croire. Une parabole illustre bien ces informations : « Un profane est tombé dans un trou plein de feu ; il ne peut pas en sortir. Un bon ami vient à son secours en utilisant un moyen qui lui est venu en tête. Ce profane est enfin sorti sain et sauf de ce trou. » Comme dans cet exemple, quand la situation est extrêmement tendue, nous n'avons pas le temps de discuter sur les autres moyens. Il en est de même pour le pratiquant du *nembutsu*. Il ne faut pas penser aux autres moyens.

Le sutra *Mokurenshomon-gyo* dit : « il y avait de la végétation qui flottait sur un fleuve dans lequel beaucoup de rivières coulaient. Une des plantes toucha une rivière et une autre toucha une autre rivière ; chaque plante semblait frotter les différentes rivières, mais à la fin, toutes les plantes entraient dans le même fleuve. Il en est de même de la société des hommes. Même les riches, nantis de biens et ayant obtenu de nombreux plaisirs, qui ont de l'influence dans le monde, n'échappent pas à la destinée : vivre, vieillir, tomber malade et mourir. Cependant, il y a une grande différence dans les mondes après la mort. Celui qui n'a cru en aucun bouddha, ni aucun sutra durant le cours de sa vie, celui-là ne pourra pas renaître dans n'importe quelle terre pure. Loin de cela, il renaîtra sous la forme d'une vie humaine, il devra beaucoup souffrir dans le monde humain. C'est pour cela que je vous recommande de renaître dans la Terre pure du bouddha Amida, car la renaissance sur la Terre pure du bouddha Amida est très facile pour nous, profane, grâce aux vœux du bouddha Amida.

Malheureusement, les gens du monde ne peuvent pas renaître sur la Terre pure en pratiquant des exercices bouddhiques, loin de cela, ils suivent des enseignements faux. Je les appelle l'aveugle ou le sourd. »

Dans le sutra *Amida*, il est dit : « Sachant que la croyance dans le bouddha Amida nous donne ce grand intérêt, je (*le Bouddha Sakyamuni*) vous recommande de croire au bouddha Amida. Ceux qui croient au bouddha Amida prononcent évidemment le vœu pour aller vers la Terre pure, ils doivent renaître sur la Terre pure. »

Ainsi, le Bouddha Sakyamuni nous a fait des remontrances soigneusement, il vaut mieux pour nous croire seulement en ce que le Bouddha nous a recommandé. À plus forte raison, il est possible que nous ayons la chance de suivre le chemin bouddhique. Dès lors, pourquoi devrait-on refuser l'enseignement du Bouddha ?

Le patriarche chinois Tendai Daishi (le moine Chigi écrit dans son œuvre *Jugi* (*Les dix doutes*) :

« Le bouddha Amida, qui a déjà accompli les quarante-huit vœux, guide les êtres vers la Terre pure. La lumière émise par le bouddha Amida éclaire tous les êtres récitant le *nembutsu* dans le monde et ne les abandonne jamais. De plus, les trois mille mondes sont recouverts de nombreux bouddhas ayant une langue longue et large qui symbolise la vérité du prêche de la Loi du Bouddha. Ils prouvent que ceux qui croient au bouddha Amida en récitant son nom, pourront certainement aller vers la Terre pure grâce à la force des vœux du bouddha Amida. »

Le sutra *Muryoju-kyo* dit par ailleurs qu'« à la fin de l'âge de la Loi terminale où la Loi du Bouddha disparaît, il restera encore dans ce monde le sutra *Muryoju-kyo* seul pendant cent ans pour faire renaître les êtres dans la Terre pure. Pour cette raison, le bouddha Amida et les êtres les plus mauvais sont reliés par ce puissant lien. »

Le moine chinois Jion (632-682) explique que « pendant les dix mille ans de la Loi terminale, tous les autres sutras disparaîtront à part l'enseignement du bouddha Amida qui sera alors l'unique salut pour tous les êtres. Mais le Bouddha Sakyamuni laisse le sutra *Muryoju* seul dans ce monde pendant seulement cent ans. »

Le moine chinois Ekan cite le sutra *Hannya Sanmai-kyo* : « Le bodhisattva Bathudawa, un des huit bodhisattvas protégeant la Loi du Bouddha, demanda au Bouddha Sakyamuni :

– Pour les êtres de l'avenir, comment faire pour qu'ils puissent voir et adorer les bouddhas dans les dix directions des univers ? »

Le Bouddha Sakyamuni lui répondit :

– S'ils croient au bouddha Amida et s'ils récitent le nom de ce bouddha, ils pourront tout de suite voir les bouddhas dans les dix directions des univers. »

Le bouddha Amida a des liens profonds avec les gens de ce bas monde. S'ils récitent le nom du bouddha Amida avec assiduité et avec un esprit sincère, ils accompliront facilement les *samadhi* de la vacuité (*sanmai*). Les deux bodhisattvas Kannon et Seishi aussi ont effectué des exercices bouddhiques dans ce bas monde durant leur vie antérieure ; après cela, ils sont nés dans la Terre pure du bouddha Amida. En se fondant sur cette théorie de la causalité, il n'est pas possible que le Bouddha ne réponde pas au désir de ceux qui veulent renaître dans la Terre pure.

Enseignement de la Terre pure du bouddha Amida comparée avec celui du Ciel de Tosotsu

*Le moine chinois, Genjo Sanzo dit : « En Inde, les moines croient au bodhisattva Miroku. Celui-ci se trouve dans le Ciel de Tosotsu. Le Ciel de Tosotsu s'apparente au monde des désirs (*yokkai*). Le pratiquant bouddhiste peut facilement pratiquer des exercices dans le monde des désirs. C'est essentiellement pour cette raison que les pratiquants du Grand Véhicule et du Petit Véhicule admettent la thèse du Ciel de Tosotsu. À l'opposé, les pratiquants bouddhistes qui sont pollués par l'égoïsme auraient-ils plus de difficultés à s'éveiller à l'illumination dans la Terre pure du bouddha Amida ?*

Dans les anciens sutras et les anciens commentaires du sutra, il est dit que les bodhisattvas placés au niveau du septième degré jusqu'au dixième degré peuvent regarder la Terre pure du bouddha Amida. Dans les nouveaux livres bouddhiques, il est dit que les bodhisattvas arrivés à un haut degré peuvent voir la Terre pure du bouddha Amida. Pourquoi les profanes des stades inférieurs pourraient-ils renaître aisément dans la Terre pure ? Je crois que ce n'est pas possible. De plus, on dit qu'en Inde la croyance dans le bodhisattva Miroku est plus populaire que celle dans le bouddha Amida. Pourquoi recommandez-vous la Terre pure du bouddha Amida plus que la terre du bodhisattva Miroku ? »

« Malgré une différence de lieux, que ce soit la Chine ou d'autres pays, l'enseignement du *Kengyo* (doctrine exotérique) et du *Mikkyo* (doctrine ésotérique) sont toujours basiquement les mêmes… À plus forte raison, dans l'enseignement transmis dans le temple indien Mujoin, qui se trouve à Gionsoja, les moines indiens observaient la tradition de tourner le visage de l'agonisant vers l'ouest afin qu'il puisse imaginer la renaissance dans la Terre pure… L'Inde ancienne suivit cet art de mourir qui nous était recommandé par le Bouddha Sakyamuni pour renaître sur la Terre pure de l'ouest. Pourquoi les moines en Chine ne peuvent-ils obéir à cet art de mourir ?

Le moine chinois zen Ekan porta réflexion sur la thèse de la Terre pure et celle du Ciel de Tosotsu. Il cita douze exemples, dont :

❧ Le maître de la Terre pure de l'ouest est le bouddha Amida et celui du Ciel de Tosotsu est le bodhisattva Miroku. La différence entre eux correspond à celle entre le Bouddha et le bodhisattva.

❧ On met en lumière que la Terre pure est au-dessus de la circulation du monde des vivants, quant au Ciel de Tosotsu, il appartient aux six destinées du cycle des naissances et des morts.

❧ La différence repose aussi sur la différenciation entre les sexes ? Y a-t-il des femmes ou non dans la Terre pure ? Non, il n'y en a pas.

❧ La différence de la longévité : la Terre pure a la longévité sans fin et la longévité du Ciel de Tosotsu est courte.

❧ Dans la Terre pure, tous sont dans le degré de non-régression, et dans le Ciel de Tosotsu, l'un est dans le degré de non-régression, l'autre est dans le degré de régression.

❧ Dans le Ciel de Tosotsu les nymphes célestes sont assujetties aux cinq décrépitudes (*gosui*), mais dans la Terre pure il n'existe pas d'étapes de décrépitude…

❧ La récitation du nom du bodhisattva Miroku efface 1 200 *ko* (kalpas, laps de temps extrêmement longs) de péchés et celle du nom du bouddha Amida efface 8 000 000 000 *ko* de péchés.

❧ Dans le Ciel de Tosotsu, on vit la souffrance, mais dans la Terre pure il n'y a plus de souffrance.

❧ Dans le Ciel de Tosotsu, on naît sur les genoux du couple parental, mais dans la Terre pure, on naît sur la fleur de lotus ou dans un palais. »

Quand même, je ne suis pas satisfait de cette réponse en lisant le rapport que le moine Xuanzang a fait sur la situation de l'Inde.

Je ne connais pas en détail les exercices bouddhiques dans les pays de l'ouest (Inde), j'essaie seulement de vous expliquer ce que j'ai compris : Les pratiquants bouddhistes des pays de l'ouest font des exercices bouddhiques selon le Petit Véhicule, qui admet que le pratiquant renaît dans le Ciel de Tosotsu, mais pas sur la Terre pure. Quant au Grand Véhicule, il admet les deux, soit dans le Ciel de Tosotsu, soit dans la Terre pure. C'est pour cela que je pense qu'en Inde, beaucoup de pratiquants bouddhistes croient au Ciel de Tosotsu. Le Petit Véhicule y est plus pratiqué que le Grand Véhicule, qui est plus populaire dans les lieux de l'est du Takla-Makan, le grand désert du pays de Chine. Tout de même, il est bon de ne pas confondre le bouddhisme de la Chine avec celui de l'Inde. De plus, ces divers principes bouddhiques ne sont pas devenus populaires en même temps mais presque parallèlement.

Parmi les divers enseignements, celui du *nembutsu* était surtout destiné aux hommes vivant dans la période de la fin de la Loi. Ainsi, quand le moine Xuanzang (Genjo Sanzo) est allé en Inde, l'enseignement du *nembutsu* n'était pas encore populaire dans ce pays. Le moine Xuanzang n'était-il pas le précurseur de l'enseignement du *nembutsu* en Inde ? Pour prouver ce fait, un des disciples du moine Xuanzang nommé Kiki a écrit un livre intitulé *Saiho Yoketsu*, dans lequel il recommandait l'enseignement de la Terre pure du bouddha Amida aux hommes, en citant les dix mérites du *nembutsu*.

Dans le sutra Shinjikankyo *il est inscrit que « le Bouddha Sakyamuni dit que, s'il confie ses disciples au bodhisattva Miroku, celui-ci descendra du Ciel de Tosotsu pour ouvrir la réunion du sermon nommée Ryugée et qu'ils écouteront le sermon du bodhisattva Miroku et alors ils atteindront le satori. » Donc je pense que le Bouddha Sakyamuni nous recommande d'aller dans le Ciel de Tosotsu où se trouve le bodhisattva Miroku. Qu'en pensez-vous ?*

Ce n'est pas une erreur d'aller dans le Ciel de Tosotsu. Qui peut nier ce qui est dit dans les sutras ? Si on le nie, le sutra *Shinjikankyo* est faux, n'est-ce pas ? Cependant ce sutra est peu à côté des mille sutras exotériques et ésotériques qui recommandent d'aborder l'enseignement de la Terre pure.

Dans le troisième volume du sutra *Daihikyo*, il est dit : « Au temps de la disparition de la Loi du Bouddha dans la prochaine vie, les bonzes et les bonzesses ayant reçu mon enseignement passeront d'un lit à l'autre pour commettre un adultère. Et ces mêmes bonzes qui portent le *kesa* et qui saliront leur réputation de moine en pratiquant l'adultère et qui ne pratiquent pas des exercices bouddhiques, même eux pourront atteindre le *satori* grâce aux bouddhas, comme le bouddha Rushana-butsu et le bodhisattva Miroku qui deviendront des bouddhas. Car leur mérite de prononcer le nom du bouddha avec la foi, ne serait-ce seulement qu'une fois, ne sera pas vain. »

Dans le sutra *Shinjikankyo*, il est dit : « Le bodhisattva Miroku, qui se trouve au Ciel de Tosotsu descendra ici bas pour ouvrir la réunion de sermon nommée Ryugée. »

Dans ce sutra il s'agit de la réunion du Ryugée mais pas du Ciel de Tosotsu. La durée qui s'écoulera entre le décès du Bouddha Sakyamuni et l'avènement du bodhisattva Miroku qui ouvrira la réunion Ryugée sera de 576 000 0000 d'années. Dure sera la souffrance durant ce long terme du cycle des naissances et des morts. Pourquoi ne désire-t-on pas renaître dans la Terre pure à la fin de cette vie ? Pourquoi devrait-on attendre si longtemps jusqu'à la réunion Ryugée, en restant dans la longue répétition des naissances et des morts ? C'est parce qu'il faut beaucoup de temps pour y être prêt spirituellement.

En plus, si on naissait directement sur la Terre pure, on pourrait aller dans le Ciel de Tosotsu, où l'on pourrait devenir le premier auditeur du sermon du bodhisattva

Miroku. Un peu comme si un riche rentrait glorieusement dans son pays natal. Qui ne s'en réjouirait pas ?

Il est bon de chercher les autres terres pures que et non seulement celle du bouddha Amida. Il ne faut pas s'attacher à de fausses idées. Le moine Ekan dit : « Ceux qui désirent aller dans le Ciel de Tosotsu ne feront pas reproche à ceux qui récitent le *nembutsu* et ceux qui récitent le *nembutsu* ne critiqueront pas ceux qui pratiquent les exercices pour aller au Ciel de Tosotsu. Chaque personne fera les exercices comme lui dictera sa conscience, mais il ne faut pas critiquer ceux qui pratiquent d'autres exercices qu'eux. Si on se dispute à propos du lieu où aller, il ne pourra pas aller en un autre endroit que l'enfer. »

Quatrième volume

Le *Shoju nembutsu*

Le bodhisattva indien Vasubandhu (environ 320-400, Seshin) dit dans son œuvre, le Ô *joron* ou *Traité sur la Terre pure* :

« Il y a cinq exercices pour renaître dans la Terre pure et voir le bouddha Amida :

1- *Raihai* ou rendre hommage à l'image d'Amida ;

2- *Sandan* ou louer le nom d'Amida en le récitant ;

3- *Sagan* ou désirer et chercher avec un esprit unifié la renaissance dans la Terre pure d'Amida ;

4- *Kanzatsu* ou contemplation des différents aspects d'Amida et de sa Terre pure ;

5- *Eko* ou appliquer les mérites de sa pratique à tous les êtres pour qu'ils puissent eux aussi renaître dans la Terre pure. »

1. *Raihai* ou rendre le culte

Raihai ou rendre le culte est une action réalisée par trois catégories d'actes : l'acte du corps, celui des paroles et celui de la pensée. Le pratiquant, croyant uniquement au bouddha Amida, en s'allongeant à terre et en se tournant vers l'ouest, rend un hommage au bouddha Amida qui se trouve vers l'ouest. Peu importe le nombre d'hommages, mais l'esprit sincère est très important pour rendre ce culte. Il est bon pour le pratiquant de réciter quelques passages du sutra *Kanbutsu-Sanmai-kyo*, dont notamment :

« Maintenant je rends hommage au bouddha Amida, ce qui équivaut à rendre hommage à tous les autres bouddhas. Si l'on pense à un seul bouddha, on pourra voir tout de suite tous les bouddhas. De fait, le pratiquant place sa tête devant les pieds de chacun des bouddhas pour leur rendre hommage. Les pratiquants allongent leur corps devant tous les bouddhas qui sont les doubles du bouddha Amida. »

L'auteur (Genshin) affirme que tous les bouddhas qui se trouvent dans les dix directions sont les doubles du bouddha Amida…

On peut aussi réciter la poésie ci-dessous :

« Tous ceux qui récitent le nom du bouddha Amida
Ne serait-ce qu'une fois,
Réalisent le chemin bouddhique.
J'ai donc une confiance absolue dans le bouddha Amida,
Je félicite son mérite sans fin.
Le bouddha Amida regarde les êtres avec des yeux charitables
Comme s'ils étaient son unique enfant,
J'ai donc une confiance absolue dans le bouddha Amida,
Je rends un culte devant la mère la plus charitable.

Les bouddhas des dix directions de l'univers
ont une confiance absolue dans le bouddha Amida
Donc, je fais confiance au bouddha Amida
Je rends un culte devant ses pieds merveilleux. »

Ceux qui désirent rendre un culte au Bouddha plus largement utiliseront le texte nommé *Junirei* écrit par le bodhisattva Ryuju (Nagarjuna) ou le *Rokuji no Reiho* écrit par le moine chinois Shandao (Zendo). Il est possible de rejoindre la Terre pure en effectuant uniquement ce culte sans faire d'autres exercices bouddhiques, car le sutra *Kan-Kokuzou Bosatsu-Butsumyo-kyo* dit : « Si l'on rend un culte au bouddha Amida avec l'esprit sincère, il pourra renaître dans la Terre pure après être sorti des trois mauvais chemins que sont : l'enfer, le monde des animaux et le monde des esprits affamés. »

2. *Sandan* veut dire louer le bouddha Amida en récitant son nom

Dans les vœux primordiaux du bouddha Amida, il est dit : « Quand je serai bouddha, tous les êtres vivants qui aspirent à naître dans ma Terre et qui proclameront d'une foi sincère mon nom, ne serait-ce qu'une seule fois, tous y renaîtront. Sinon, je préfère ne pas devenir bouddha. » Donc, il est bon pour le croyant de penser toujours au bouddha Amida, d'admirer la vertu du bouddha Amida et de réciter l'hymne ci-dessous :

« Le bouddha Amida a la grande lumière sans fin de la sagesse,
Son corps est comme la montagne d'or.
Ayant les actes corporels, les actes vocaux et les actes mentaux

Je rends hommage au bouddha Amida en joignant
les mains.

Les bouddhas des dix directions de l'univers
Admirent les mérites du bouddha Amida.
J'ai une confiance absolue dans le bouddha Amida,
Et je rends maintenant hommage au bouddha Amida.

Les pieds du Bouddha ont la couleur du lotus.
Ceux qui les regardent ressentent une grande joie
Et se jettent aux pieds du bouddha Amida pour lui
rendre hommage.

La lumière qui sort du front du bouddha Amida
Est pure comme la lune limpide,
Je me prosterne devant les pieds du bouddha Amida

Les paroles que le bouddha Amida a prononcées
Enlèvent les racines des péchés.
Les belles paroles du Bouddha donnent aux hommes
de nombreux intérêts.
Je rends hommage au bouddha Amida,

En me jetant à ses pieds.
Tous les saints ainsi que les sages et les dieux
Font une absolue confiance au bouddha Amida.
Donc, je rends aussi hommage au bouddha Amida. »

En prenant le bateau du Noble Chemin octuple
Le Bouddha traverse la mer difficile lui-même,
En même temps, le Bouddha fait traverser les autres.
Je rends hommage à celui qui a obtenu cette grande
capacité.

Même si tous les bouddhas
Qui admirent le mérite sans limite du bouddha Amida
Ne peuvent pas tout admirer.
Je rends le culte à celui qui est pur.
J'admire maintenant la vertu sans fin du bouddha Amida,
Grâce à cette raison,
Tous les êtres peuvent obtenir les vertus du bouddha Amida ! »

Les hymnes ci-dessus sont un résumé des trente-deux hymnes du *Jujubasharon*. Il y en a d'autres tels que l'hymne du *Ôjôron* ou celui du bouddha Amida.

Il faut réciter avec l'esprit sincère ces hymnes, ne serait-ce qu'une seule fois, ne serait-ce qu'une ligne ou plusieurs lignes. Concernant le nombre de la récitation, peu importe…

Chaque récitation permet d'accomplir le chemin bouddhique, à plus forte raison, s'il loue sans cesse le bouddha Amida, il pourra renaître dans la Terre pure. L'admiration du bouddha Amida avec la récitation des mantras sanskrits donnera aussi un intérêt indescriptible au pratiquant jusqu'au bout de l'avenir sans fin.

3. *Sagan* ou le désir de rechercher avec un esprit unifié la renaissance dans la Terre pure d'Amida

Le sutra *Daikyo* explique : « Il est absolument nécessaire pour ceux qui désirent renaître dans la Terre pure d'être animé du désir de l'esprit d'éveil. »

Qu'est-ce que le désir de l'esprit d'éveil ?

L'esprit d'éveil est le nom du meilleur chemin bouddhique. S'il y a celui qui désire devenir bouddha en ayant la production de l'esprit d'éveil, celle-ci (cette production de l'esprit d'éveil) est si grande qu'elle s'étend dans les univers et elle dure longtemps, jusqu'au bout de l'avenir sans fin. Et cet esprit peut arracher les obstacles d'un petit véhicule qui séparent le pratiquant de l'éveil. Une fois que le pratiquant produit l'esprit d'éveil, il pourra échapper au cycle éternel des naissances et des morts.

Ou, dans le *Jôdoron*, il est dit : « L'esprit d'éveil est l'esprit qui désire devenir bouddha. L'esprit qui désire devenir bouddha est celui qui veut sauver les êtres. » Si vous voulez faire renaître les êtres dans la Terre pure, vous devrez avoir l'ardent désir d'avoir l'esprit d'éveil…

Dans quelle loi doit-on chercher le satori ?

Il y a deux sortes de moyens : l'un est pour ceux qui sont sages et l'autre pour ceux qui sont sots… Le *satori* se cache dans tous les êtres de ce monde. Des bouddhas et des bodhisattvas mènent les êtres à l'éveil (*satori*) avec les six perfections pratiques que sont : le don, la pratique fidèle de tous les préceptes, la patience, l'effort constant pour promouvoir le bien, la concentration de l'esprit et la sagesse. Dans ce cas-là, le sage peut réaliser tout de suite que toutes les lois sont vacuité, mais le sot doit exécuter les pratiques longtemps pour comprendre la vérité bouddhique.

Le *Dairon* relate : « En pratiquant la contemplation et en faisant *zazen* trois fois par jour, on se mortifie, c'est l'enseignement du moine *shomon.* En réalisant que les lois de toutes les existences sont vraies, on se purifie, c'est l'enseignement du bodhisattva. L'enseignement du bodhisattva excelle en celui du *shomon.* »

Ainsi, le *Dairon* cite une poésie dans le sutra *Mugyo* :
« Le désire sexuel est un chemin,
La colère et la sottise sont aussi un chemin.
Ainsi, dans le triple poison, il y a le chemin pour devenir le bouddha
Si l'homme écarte du chemin bouddhique
Le désir sexuel, la colère et la sottise qui sont le triple poison,
Cet homme s'éloignera du chemin bouddhique à très grande distance,
Comme la distance entre le ciel et la terre. »

Si le bonno *(mauvaise passion) ne fait qu'un avec le satori, est-il bon que l'homme allume le feu des mauvaises passions dans son cœur autant de fois qu'il veut ?*

On considère celui qui l'interprète ainsi comme celui qui s'attache aux vaines idées. Ce genre de personne n'est pas un disciple du Bouddha. J'ai des objections à ces vaines idées. Si vous aimez accomplir de mauvaises actions en prétendant que la mauvaise passion ne fait qu'un avec le *satori,* vous devrez accepter avec plaisir la dure souffrance causée par le cycle des naissances et des morts. Cependant, vous répugnez à accepter la souffrance de maintenant en disant que vous ne pouvez pas la supporter, alors pourquoi abusez-vous des mauvaises actions qui sont la cause de l'éternelle souffrance ?

Originellement le *bonno* ne fait qu'un avec le *satori,* mais ils (*bonno* et *satori*) divergent sur le temps et sur la fonction, il faut donc savoir la différence entre la pollution (*bonno*) et la pureté (*satori*). Cette différence entre les deux ressemble à celle entre l'eau et la glace ou entre la semence et le fruit. La nature du bouddha apparaîtra dans les hommes qui pratiquent le chemin bouddhique, mais dans ceux qui ne le pratiquent pas, la nature du Bouddha n'apparaitra pas.

Dans le trente-deuxième volume du sutra *Nehan*, il est dit : « Homme bon ! Si on vous demande s'il y a le fruit dans cette semence, en vous montrant une semence, vous lui répondrez qu'il y en a ou qu'il n'y en a pas. Parce que s'il n'y a pas de semence, le fruit ne naîtra pas, mais s'il y a la semence qui n'a pas encore germé, cet arbre ne donne pas encore le fruit. Donc, la réponse est : il y en a ou il n'y en a pas. Cela dépend du temps. Il en est de même de la nature du bouddha chez les êtres. Si la nature du bouddha est à l'écart des êtres, ce n'est pas vrai, car les êtres sont la nature de bouddha ; en même temps, la nature de bouddha est les êtres. Seulement le temps est différent, donc il y a une différence entre la pureté et la pollution. »

Si le profane ne peut pas supporter les exercices bouddhiques, est-il vain pour le profane d'établir un grand vœu ?

Même si l'homme ne peut pas les supporter, il est nécessaire pour le profane d'établir le vœu de l'affection envers les êtres. Car cet intérêt obtenu par le vœu d'affection envers les êtres est immense. Par exemple, un des disciples du Bouddha Sakyamuni, Daibadatta (Devadatta) pratiquait assidûment les exercices bouddhiques jusqu'à mémoriser toutes les phrases des 60 000 sutras, pourtant il a tenté de tuer le Bouddha Sakyamuni.

Il a essayé de dépasser la sagesse du Bouddha Sakyamuni mais il n'a abouti qu'à tomber en enfer.

Jido qui était le Bouddha Sakyamuni dans une vie antérieure put naître sur le Ciel de Tosotsu grâce à l'établissement du vœu de sauver les êtres souffrants. Selon ces exemples, la différence entre le fait de monter au ciel ou de tomber en enfer est causée par le vœu prononcé dans le cœur, non par la pratique...

Dans le sutra *Ubasokukaikyo*, il est dit : « si l'on ne peut pas sentir la douleur du cycle des naissances et des morts et qu'on ne peut ressentir la tranquillité du *nehan* (l'éveil), même en observant les préceptes, en faisant des dons et en écoutant beaucoup l'enseignement du Bouddha, il ne nous sera pas possible d'atteindre l'éveil.

Au contraire, si l'on déteste la douleur du cycle des naissances et des morts et que nous apprenons profondément le mérite de la tranquillité du *nehan*, même si nous offrons aux autres peu de dons, que nous retenons peu les préceptes et n'écoutons que peu les sermons, il nous sera quand même possible d'obtenir de suite le *satori.* »

À quoi le pratiquant doit-il surtout prêter attention ?

Dans le sutra *Hoshaku-kyo*, vol. 93, le Bouddha Sakyamuni dit : « Le pratiquant donne de la nourriture aux gens qui en ont besoin afin d'obtenir la sagesse de la Loi du Bouddha ; s'il leur donne de la boisson, c'est pour qu'ils s'éloignent du besoin d'amour ; s'il leur donne des vêtements, c'est pour qu'il obtienne l'habit de la confession afin d'avoir honte de ses péchés ; s'il leur donne des médicaments, c'est pour qu'il éloigne de lui la maladie des mauvaises passions...

Le pratiquant doit toujours penser d'abord au don dans son cœur. Qu'il soit fort ou qu'il soit faible, les pratiquants qui veulent enseigner la Loi du Bouddha à tous les êtres vivants doivent d'abord faire le don d'eux-mêmes aux autres. C'est là la bonne action que je vous dis. »

Le don est l'un des quatre vœux du bodhisattva, il fait le vœu de sauver tous les êtres vivants. Il en est de même pour les autres vœux comme : proférer des paroles charitables aux autres (*aigo*), donner de l'intérêt aux autres et partager la bonne action avec tous les êtres !

Quand le pratiquant a pu réprimer de mauvaises idées, même pendant quelques instants, il faut penser ainsi : « Que nous remplissions le deuxième vœu pour atteindre l'éveil et pour sauver les êtres, en détruisant les mauvaises actions ! »

Ou, quand le pratiquant a lu un peu les sutras et appris la raison, il est bien de penser ainsi : « Que nous accomplissions le troisième vœu, en apprenant les Lois du Bouddha, pour atteindre le *satori* et pour sauver les êtres ! »

Si on avait toujours ce désir et si on pratiquait les exercices bouddhiques suivant sa capacité, ce désir rassemblant toutes les bonnes actions, on pourrait atteindre l'éveil, comme si des gouttes d'eau s'accumulaient jusqu'à remplir un grand récipient. »

Dans le volume *Nyuhokkaibon* du sutra *Kegon*, il est dit : « L'esprit d'éveil peut soutenir tous les vœux du bodhisattva afin qu'il ne tombe dans le triple monde du profane.»

Cependant il est difficile pour le profane d'être toujours consciencieux ainsi. Alors, quand le pratiquant fait ses bonnes œuvres sans prononcer les vœux, fait-il de vains efforts ?

Si le pratiquant pense avec sincérité : « À partir d'aujourd'hui je compte ne pas faire mes bonnes œuvres afin d'enlever mes mauvaises passions (*bonno*), mais je les ferai pour la Terre pure et pour le *satori* », et s'il prononce cette pensée devant les autres, qu'il en prenne conscience ou non, toutes ses bonnes œuvres iront naturellement à l'éveil depuis qu'il y a pensé. Cela ressemble à cet exemple : quand on creuse un fossé et que toutes les eaux tombent dedans puis arrivent à la rivière, elles finissent par se jeter dans l'océan. Comme dans cette comparaison, après que le pratiquant a prononcé l'esprit d'éveil, toutes les eaux de ses bonnes œuvres affluent naturellement dans le fossé des Quatre Grands Vœux (*shiguzeigan)*, il renaîtra dans la Terre pure et il entrera dans la mer de l'omniscience *(issaichi)* et de l'éveil. De plus, quand on a prononcé cette pensée, chaque fois qu'on se la rappelle, on la prononce à plusieurs reprises, donc son efficacité grandit.

Le profane qui ne trouve pas suffisamment de forces en lui-même, même s'il voulait faire des dons aux autres, ne le pourrait pas. Ou s'il est trop pauvre pour faire des dons aux autres. Dans ce cas-là, comment faire ?

Dans ce cas-là, ce bodhisattva doit penser ainsi : « Moi, maintenant je dois faire des efforts pour abandonner l'esprit de l'avidité et celui de l'avarice. Je dois apprendre à abandonner mes biens pour les donner aux autres. »

Dans le sutra *Ingakyo*, il est dit :

« Que le pauvre, qui n'a pas de quoi donner aux autres,
Se réjouisse de voir les autres donnant des choses aux autres !
Le mérite obtenu en se réjouissant ainsi est aussi grand que s'il faisait lui-même ces dons aux autres. »

Dans l'hymne du *Jujyubibasha*, il est dit :
« Moi, comme je suis encore débutant dans le chemin bouddhique,
Je n'accomplis pas encore la racine du bien (*zenkon*),
Donc, je ne suis pas encore libéré des *bonno* ou des mauvaises passions.
Que je puisse faire le don aux autres plus tard ! »

Le débutant doit penser de cette manière.

Dans le *Dairon*, on peut lire que « si toutes les existences du monde ne sont que vacuité, alors les êtres ne peuvent exister. Dans ce cas-là, qui est celui qui devra être sauvé ? Si le pratiquant pense ainsi, son cœur de charité deviendra faible. Au contraire, si le pratiquant considère les êtres comme ceux qui sont vraiment à plaindre, la capacité de contemplation que toutes les choses du monde sont vacuité deviendra faible. Cependant, si le pratiquant emploie les moyens habiles (*hoben*), ces deux pensées deviendront égales et elles ne seront pas partiales, c'est-à-dire que l'esprit de charité n'empêchera pas de contempler que « toutes les existences du monde sont vacuité ». Et la contemplation de la vacuité n'empêche pas l'esprit de charité. Quand le pratiquant aura employé ces artifices salvifiques, il pourra atteindre le niveau de bodhisattva et être dans le degré de non-régression (*futaiten no kurai*).

Si l'on a des idées partiales, par exemple si l'on s'attache trop à la vacuité ou si l'on s'attache trop à la charité, s'agira-t-il d'une erreur ?

Dans le sutra *Mujoekyo*, on explique les idées qui s'attachent trop à la vacuité : « Même si le pratiquant, s'attachant à son égoïsme, avait une solide confiance en soi comme le mont Shumisen, moi, le Bouddha Sakyamuni ne m'en étonnerai pas, ni ne le lui reprocherai. Cependant le pratiquant, qui n'attend pas encore le *satori*, pense qu'il a déjà atteint l'éveil, et il s'attache trop de l'idée de la vacuité, je ne lui autoriserai pas ne serait-ce qu'un petit attachement à la vacuité. »

L'intérêt

Puis on explique l'intérêt du *bodaishin* (l'esprit qui aspire à l'éveil). Si le pratiquant prononce le *bodaishin* suivant des livres bouddhiques, même s'il fait peu d'exercices bouddhiques, pourra certainement renaître dans la Terre pure comme il le désire. Celui-ci appartient au sixième degré (*jobon gessho*) parmi les neuf degrés. Ainsi l'intérêt de l'esprit d'éveil est grand.

Dans le sutra *Hojakukyo*, le Bouddha Sakyamuni dit : « Le pratiquant, qui n'observe pas la loi du moine, ne pourra pas trouver le lieu où il se repose. À plus forte raison, il ne pourrait pas recevoir le soutien des croyants. »

En l'écoutant, environ soixante bonzesses furent affligées et elles lui demandèrent :

« Alors, nous ne pourrons pas être vénérées par des habitants après notre mort.

Le Bouddha leur répondit :

– Vous avez eu honte de votre manque d'efforts. C'est très bien.

Alors, un disciple demanda au Bouddha Sakyamuni :

– Quels sont les moines qui seraient alors vénérés (*kuyo*) par les gens ?

Le Bouddha Sakyamuni lui répondit :

– Ceux qui auront accompli les exercices du Petit Véhicule seront vénérés.

Ce disciple continua la question :

– Mais si le pratiquant produisait l'esprit du Grand Véhicule, pourrait-il être vénéré ?

– Le pratiquant produit l'esprit du Grand Véhicule pour chercher la Totale Sagesse (*issaichi*), même s'il n'a pas accompli les exercices du Petit Véhicule, il pourra aussi être vénéré par les habitants.

Le disciple insista :

– Mais pourquoi celui qui n'a pas accompli les exercices du Petit Véhicule pourrait-il recevoir la vénération ?

– Celui qui a produit l'esprit du Grand Véhicule, même s'il reçoit beaucoup de dons, à la fin pourra être récompensé grâce au grand mérite du Grand Véhicule. Celui qui a produit l'esprit du Grand Véhicule a la qualification requise pour être vénéré par les habitants. »

Selon les phrases du sutra ci-dessus, on doit savoir que le plus haut degré du Petit Véhicule n'est rien à côté du plus bas degré du Grand Véhicule…

Dans le *Daihannya-kyo*, il est dit : « Même si les bodhisattvas animaient de mauvaises passions par leurs cinq désirs, s'ils étaient éveillés du *bodaishin* (l'esprit qui aspire à l'éveil), ne serait-ce qu'une fois, ils pourraient effacer toutes les mauvaises passions du passé. »

Cette phrase exprime bien l'intérêt de l'esprit qu'inspire la recherche de l'éveil…

Dans le *Kenshubon* du sutra *Daihannya-kyo*, il y a un chant :

« Dans le cycle des naissances et des morts,
Le bodhisattva a éveillé en lui le *bodaishin*
Ou la quête du satori pour la première fois avec recueillement,
Il doit garder cette résolution solidement.
Le mérite causé par l'aspiration à l'éveil,
Ne serait-ce qu'une fois, est sans limite.
Même si le Bouddha Sakyamuni faisait un sermon sur ce mérite,
Il ne pourrait pas tout exprimer jusqu'à la fin du *ko.* »

Dans le Jugi *ou les dix doutes, on cite quelques phrases du* Zojuron *: « Il y a ceux qui peuvent renaître dans la Terre pure en fonction de leur désir profond, et il y a ceux qui peuvent atteindre le* satori, *dès lors qu'ils ont écouté les paroles du Bouddha. Mais ces exemples indiquent qu'il y a des temps différents entre l'effet et la cause, c'est-à-dire que l'effet sera dans un futur éloigné, mais la cause quant à elle est bien présente. Dans ce cas-là, il n'y a pas d'exercice bouddhique entre la cause et l'effet. Ainsi, dans ce cas, le vœu seul existe, mais il n'y en a pas la pratique, on l'appelle le* betsuji *qui signifie que le temps est différent entre la cause et l'effet. La renaissance dans la Terre pure ne peut se faire que dans un temps plus ou moins long. Pourquoi le pratiquant qui en fait seulement le vœu pourrait-il renaître de suite dans la Terre pure ? »*

Le mérite de la production de l'esprit d'éveil du bodhisattva est grand, s'il ne cherche pas l'éveil suivant l'enseignement du *shomon* ou celui du *engaku*. Le mérite de la production de l'esprit d'éveil du bodhisattva amène à la destruction de nombreux péchés et conduit au bonheur éternel. Pour cela, si le pratiquant fait le vœu, il pourra immédiatement renaître dans la Terre pure selon son vœu. Votre question porte sur la production de l'esprit d'éveil seulement pour vous-même mais ne porte pas sur les quatre vœux du bodhisattva. D'une pareille situation l'effet est différent entre les quatre vœux du bodhisattva (*shiguseigan*) et celui de votre vœu personnel.

S'il y a une grande force dans la production de l'esprit d'éveil du bodhisattva, tous les bodhisattvas qui ont fait vœu de devenir bouddha ne risquent-ils pas de tomber dans l'enfer ? Cependant, en réalité, il est possible pour les bodhisattvas au niveau inférieur de retomber au même niveau qu'auparavant. Pourquoi ?

Quand le bodhisattva n'a pas encore atteint le degré de non-régression (*futaiten no kurai*), la mauvaise passion et l'esprit de pureté, les deux se créent dans son esprit. Même si une pensée de pureté permettait de détruire beaucoup de péchés, une seule mauvaise passion qui vient après une pensée de pureté, peut faire beaucoup de péchés.

Concernant la production de l'esprit d'éveil (*bodaishin*) du bodhisattva, ça dépend des êtres, soit un être ayant une profonde et forte conviction, soit un homme ayant une faible conviction, il y a une grande différence entre ces deux êtres. Il en est de même des mauvaises actions (*akugo*). Il y a de graves mauvaises actions et il y a de légères mauvaises actions. Donc, le bodhisattva qui n'a pas atteint le degré de non-régression, son esprit d'éveil ne se fixe pas. Cependant la production de l'esprit d'éveil a la force d'atténuer la gravité du péché.

Ryôkan ou l'examen

Dans le *Nyuhokkaibon* il est dit : « L'esprit d'éveil ne se produit qu'à travers un esprit charitable pour sauver les êtres. Il ne peut se produire autrement. »

Une poésie du *Joburon* dit aussi :
« Le mérite de faire don envers une personne
Par l'homme ayant l'esprit de charité
Est très grand comme la terre ;
Au contraire si le don se pratique dans un intérêt personnel,
Alors il sera un peu comme une graine de pavot.
Sauver un être qui est dans une situation difficile
Prévaut sur le don envers tous les gens,
Comme si la lumière de la lune était supérieure aux lumières des étoiles. »

Ainsi, la mise en pratique du disciple pour sauver son salut (Jiri) ne provoque pas la production de l'esprit d'éveil et elle ne peut recevoir qu'une petite rétribution. Dans ce cas-là, qu'est-ce qui motive le désir de renaître tout de suite dans la Terre pure pour soi seulement ?

J'ai recommandé pour ceux qui désirent la renaissance dans la Terre pure de prononcer les quatre vœux du bodhisattva : celui de sauver tous les êtres vivants, celui d'arracher toutes les passions mauvaises, celui de connaître tous les enseignements du Bouddha et celui d'atteindre l'éveil. Prononcer les quatre vœux du bodhisattva est vraiment l'acte de grande compassion. Je cherche d'abord la Terre pure, mais je ne cherche surtout pas l'intérêt pour moi-même. Car l'enseignement du Bouddha ne se répand pas bien dans le monde ;

les êtres sont facilement emportés par les vagues houleuses dans les mers déchaînées. Les débutants dans les temples peuvent-ils faire des exercices bouddhiques ? Non. Donc je leur recommande de chercher d'abord à la Terre pure pour accomplir les quatre vœux du bodhisattva, après cela, ils pourront sauver librement les êtres. Je ne cherche surtout pas l'intérêt pour moi-même.

Dans le *Jujubibasha*, il est dit : « Je n'ai pas encore la faculté de traverser la mer de la vie pour arriver à l'autre rivage, encore moins je ne puis amener les êtres à l'autre rivage. Comment puis-je enseigner aux autres, moi qui suis enseveli sous la boue ? Moi qui suis le jouet des vagues, je ne puis sauver ceux qui se noient dans la mer. Pour cette raison, on prêche qu'il est normal de faire passer les êtres de l'autre côté de la mer, après que le pratiquant a traversé la mer de la vie. »

Ainsi, il est dit dans le *Jugiron* : « Je suis maintenant impuissant, donc si je baignais dans les mauvaises passions (*bonno*) du monde, j'emprunterais le mauvais chemin sous l'influence du mauvais monde. Et quelques *kos* s'écouleraient. » Ce cycle des naissances et des morts continue sans cesse depuis l'ancien temps, alors, quand pourrai-je sauver la souffrance des êtres ? Pour cela, je renaîtrai dans la Terre pure où j'atteindrais le degré du bodhisattva en ayant des relations amicales avec des bouddhas dans la Terre pure. Après cela, je désire sauver des êtres qui éprouvent des souffrances dans le mauvais monde. »

Les phrases des autres sutras disent la même chose que celles du *Jugiron*. Il faut savoir que les exercices du *nembutsu* sont les causes, la renaissance dans la Terre pure en est la récompense, le *satori* en est l'effet, sauver les êtres en est la véritable intention. Cela s'apparente à l'exemple suivant : si l'on plante l'arbre, l'arbre fleurira ; si la fleur s'épanouit, l'arbre portera ses fruits et l'homme mangera ces fruits.

Dans quelle rubrique des quatre vœux du bodhisattva Les exercices du nembutsu sont-ils impliqués ? Les quatre vœux du bodhisattva sont : 1. celui de sauver tous les êtres vivants ; 2. celui d'arracher toutes les passions mauvaises ; 3. celui de connaître tous les enseignements du Bouddha et 4. celui d'atteindre l'éveil.

L'exercice du *nembutus* appartient au deuxième vœu, c'est-à-dire que le vœu d'arracher toutes les passions mauvaises. Si le pratiquant peut arracher toutes les passions mauvaises par l'exercice du *nembutsu*, il pourra faire le troisième vœu, c'est-à-dire celui de connaître tous les enseignements du Bouddha. S'il accomplit le vœu de connaître tous les enseignements du Bouddha, il pourra faire un quatrième vœu : atteindre l'éveil. S'il peut atteindre l'éveil, il pourra faire le premier vœu : celui de sauver tous les êtres vivants.

Dans le *Jujubasharon*, il est dit aussi :

« Toutes les lois sont fondées sur les vœux.
Sans les vœux ils ne s'accomplissent pas.
Voilà pourquoi j'émets des vœux. »

Il est aussi chanté :

« Le pratiquant désire devenir un bouddha et prie le bouddha Amida,
Alors viendra un jour où le bouddha Amida se montrera à lui.
Voilà pourquoi je prie assidument le bouddha Amida. »

Ainsi, comme la production de l'esprit d'éveil (*bodaishin*) a une grande force, le pratiquant doit émettre ce vœu s'il désire devenir lui-même un bouddha.

Si le pratiquant n'émettait pas le vœu, ne pourrait-il pas renaître dans la Terre pure ?

Sur ce point, il y a une divergence de vues parmi les savants-moines. Une opinion dit : « Ceux qui appartiennent à la catégorie des êtres les plus doués (*Jobon*), ceux qui appartiennent à la catégorie des êtres moyens (*chubon*) et ceux qui appartiennent à la catégorie des êtres les plus inférieurs (*gebon*), tous émettent l'esprit d'éveil. Parmi eux, ceux qui appartiennent à la catégorie des êtres moyens, sont sortis du Petit Véhicule pour se convertir au Grand Véhicule, donc ils pourront renaître dans la Terre pure... Ceux qui appartiennent à la catégorie des êtres les plus inférieurs aussi peuvent renaître dans la Terre pure, car ils ont réservé de la force, malgré qu'ils aient perdu la croyance au Grand Véhicule. »

Une autre opinion révèle : « Ceux qui appartiennent à la catégorie des êtres moyens et ceux qui appartiennent à la catégorie des êtres les plus inférieurs peuvent renaître dans la Terre pure, car ils gardent les cinq préceptes[1] ou les dix préceptes[2]. Ceux qui appartiennent à la catégorie des êtres les plus doués, peuvent renaître dans la Terre pure, en gardant les cinq préceptes ou les dix préceptes, en même temps, grâce à la production de l'esprit d'éveil. »

1. Les cinq prescriptions sont établies contre le meurtre, le vol, l'adultère, le mensonge et l'ivresse.

2. Les dix prescriptions sont : la destruction de la vie, le vol, l'adultère, le mensonge, le fait de dire des absurdités, le fait de médir, l'hypocrisie, le désir, la colère et l'irrationalité.

S'il y a différentes opinions sur la relation entre l'esprit d'éveil et la renaissance dans la Terre pure selon les maîtres, l'opinion sur l'esprit de désirer la renaissance dans la Terre pure diffère-t-elle chez les savants ? »

Oui, tout à fait. Concernant le vœu de désir de la renaissance dans la Terre pure, il faut que tous les pratiquants désireux de renaître dans la Terre pure possèdent ce vœu.

Si la pratique des exercices bouddhiques pour renaître dans la Terre pure est accomplie en tant que récompense de ce vœu, même si l'homme faisait le mal, l'homme désireux de ne pas tomber en enfer n'aurait donc pas à payer ?

Le châtiment pour s'être mal conduit est limité, mais la récompense du désir de renaître dans la Terre pure est sans limite. La récompense entre la mauvaise conduite et la renaissance dans la Terre pure est en fait différente, donc on ne peut discuter en assimilant la mauvaise conduite à la renaissance dans la Terre pure.

Dans le *Dairon*, volume 7, il est dit : « Concernant la mauvaise conduite et le bienfait, chacun reçoit une punition ou une récompense. Pour celui qui a fait le vœu, même s'il faisait un petit bienfait, il recevrait une grande récompense grâce à la force du vœu. Tous les êtres aspirent au bonheur mais il n'y a personne qui désire le malheur. Donc, le bienfait accompagné du vœu aura une grande récompense sans limite, au contraire, la mauvaise conduite non accompagnée du vœu est quand même limitée. »

Y a-t-il un moyen de garder fidèlement le vœu de l'esprit d'éveil ?

Dans une poésie du *Jujubasharon*, il est dit :
« Tous les êtres dans le monde doivent montrer du respect aux bodhisattvas !
Ceux qui respectent les bodhisattvas augmenteront leur vœu suprême de garder l'esprit d'éveil de génération en génération. »

L'observation

Ainsi vous pouvez apercevoir le corps du bouddha Amida : Le bouddha Amida possède trois corps : le Corps de Métamorphose (*ojhin*), le Corps de Rétribution (*hoshin*) et le Corps d'Essence (*hosshin*). Il peut se montrer sous différentes tailles : tantôt il mesurera environ vingt mètres, tantôt environ deux mètres, tantôt il sera immense. Mais il est toujours vêtu d'une couleur dorée. Ses intérêts sont immenses. Le Corps de Métamorphose (*ojhin*) du bouddha Amida est identique à celui de tous les autres bouddhas.

Mais il est paradoxal de constater que ni le profane ni le saint ne peuvent voir tous les corps du bouddha Amida ; ni même le dieu Bonten ne peut voir la tête du bouddha Amida. Pas plus qu'un disciple du Bouddha Sakyamuni, Mokuren ne connaît le lieu où la voix du bouddha Amida ne parvient pas. Le bouddha Amida, n'ayant pas de forme, a le Corps supérieur quand même. Le bouddha Amida ne se décore pas avec l'ornement, mais il a une beauté naturelle. Le bouddha Amida a 18 sortes de caractéristiques, 84 000 sortes de concentration (les Samadhi de la Vacuité) et 84 000 sortes de pratiques. Tout est parfait. Le cœur du bouddha Amida est identique à celui de tous les bouddhas…

Il est très difficile pour le profane de contempler la vraie forme du bouddha Amida. Est-il possible de contempler la statue du bouddha Amida, au lieu de contempler sa vraie forme ? Comment pourrions-nous contempler le Corps du bouddha Amida dans son immensité ?

Le sutra *Kankyo* dit : « Comme la taille du bouddha Amida est immense, le profane n'a pas la force mentale de l'imaginer. Cependant, comme le bouddha Amida a la force du vœu originel (*Hongan*), ceux qui imaginent le bouddha Amida dans leur cœur pourront certainement accomplir la contemplation du bouddha Amida. Même si le pratiquant pense seulement la statue du bouddha, il pourra en obtenir d'immenses mérites. À plus forte raison, s'il contemple la forme complète du bouddha Amida, il aura une immense vertu. » D'après ces phrases du sutra *Kankyo,* il est évident que même le débutant de la contemplation pourrait contempler le Corps du bouddha suivant le désir du pratiquant.

Vous avez dit que le Corps du bouddha Amida était identique aux corps de tous les autres bouddhas. Quelles sont les preuves d'une telle affirmation ?

Contempler le bouddha Amida est identique à la contemplation de tous les bouddhas. Dans le sutra *Kegonkyo*, il est dit : « Les corps de tous les bouddhas sont identiques au corps du bouddha Amida… » Dans le sutra *Kanbutsusanmaikyo*, il est dit aussi : « Si le pratiquant pense à un seul bouddha, il pourra contempler tous les bouddhas. »

Si le corps et la nature de tous les bouddhas sont les mêmes, n'y a-t-il pas de distinction dans les mérites (kudoku) obtenus par la pratique de la contemplation de tous les bouddhas ?

Non, aucune distinction. Dans le sutra *Monjyuhannyakyo* il est dit : « Le mérite dû à la contemplation d'un bouddha est immense et ce mérite est identique à celui dû à la contemplation de tous les bouddhas. D'après la Loi du Bouddha merveilleux, la contemplation d'un bouddha ou celle de tous les bouddhas sont identiques et ne sont pas distinctes. Tous les pratiquants peuvent atteindre le *satori* et peuvent obtenir le mérite sans limite et le talent de l'éloquence. Ainsi, tous ceux qui entrent dans la concentration (*sanmai)* pourront savoir que de nombreux bouddhas sont sans distinctions dans le monde de la Loi du Bouddha. »

Pourquoi recommande-t-on de contempler le tourbillon des beaux cheveux blancs sur le front du bouddha Amida ?

Dans le sutra *Kankyo*, il est dit : « Celui qui contemple le bouddha Amida doit aussi le voir sous tous ses aspects. Quand vous contemplerez le tourbillon de beaux cheveux blancs sur le front de bouddha, vous le ferez clairement. Celui qui a fait la contemplation du tourbillon des beaux cheveux blancs sur le front du bouddha Amida peut voir naturellement les 84 000 aspects du bouddha Amida. »

Ou dans le sutra *Kanbutsukyo*, il est aussi dit : « Il y a de nombreux aspects chez le bouddha Amida. Il y a 84 000 représentations dans chaque aspect du bouddha Amida. Le mérite de ses nombreux aspects n'est rien à côté du mérite du tourbillon de beaux cheveux blancs sur le front du bouddha Amida. Pour cela, aujourd'hui, on recommande aux hommes mauvais de contempler la lumière émise de l'aspect du tourbillon de beaux cheveux blancs sur le front du bouddha Amida (*byakugo so*), car cette lumière détruit le mal. Si des hommes extrêmement méchants (*gokuju akunin*) écoutaient cette explication de la contemplation de l'aspect du bouddha Amida, même s'ils en étaient fâchés, cette lumière les couvrirait et les protègerait des méchants. L'explication de la contemplation de l'aspect du bouddha Amida peut effacer les péchés commis dans le cycle des vies et des morts pendant les trois *kos*. Et ils renaîtront devant des bouddhas dans la vie prochaine. »

Peut-on considérer la contemplation d'un seul aspect du tourbillon de beaux cheveux blancs sur le front du bouddha Amida (byakugo so) comme le samadhi (sanmai) de la Vacuité ?

Oui, tout à fait. Ainsi, dans le sutra *Kanbutsukyo*, (vol. 9), il est écrit : « Si le pratiquant contemple un cheveu du tourbillon de beaux cheveux blancs sur le front du bouddha Amida, il sera nommé pratiquant de la concentration commémorant le bouddha Amida. Grâce à la contemplation du bouddha Amida, les bouddhas dans les dix directions se trouvent toujours devant ce pratiquant pour lui prêcher la Loi du Bouddha. Pour cette raison, ce pratiquant aura la possibilité de devenir bouddha dans les trois vies : la vie antérieure, la vie d'aujourd'hui et la vie future. Même si on contemple un cheveu du bouddha Amida, le pratiquant recevra ce grand mérite, à plus forte raison, la contemplation du Corps du Bouddha donnera des mérites sans limite au pratiquant.

Pourquoi ne contemple-t-on pas la solennité de la Terre pure ?

Je recommande maintenant la contemplation simple au pratiquant qui ne peut pas faire une contemplation complexe. Si vous voulez contempler la solennité de la Terre pure, je vous recommande de lire le sutra *Kankyo.* Dans le chapitre *Gongue-Jodo* ou le désir de se rendre dans la Terre pure, j'(l'auteur, Genshin) ai déjà expliqué les dix plaisirs de la Terre pure, c'est-à-dire, la solennité de la Terre pure.

Pourquoi ne recommandez-vous pas la contemplation des deux bodhisattvas Kannon et Seishi ?

Je l'ai omis, donc, je ne l'ai pas dit. Vous pourrez contempler ces deux bodhisattvas après avoir contemplé le bouddha Amida. Il est bon de réciter leurs noms.

Eko ou l'application de son mérite faite par le pratiquant en vue de renaître dans la Terre pure

Eko possède les cinq conditions suivantes :

1. Toutes les bonnes racines accumulées durant trois vies : celle du passé, celle du présent et celle de l'avenir.
2. La recherche de la grande sagesse (*Issaichi*).
3. On possède ces bonnes racines en copropriété avec tous les êtres de ce monde.
4. Les bonnes racines sont appliquées pour atteindre le *satori* ou l'éveil.
5. Celui de faire le don, celui de le recevoir et tous les dons sont vacuité. Il est important que le pratiquant sache que le vrai caractère des choses est vacuité.

Autrement dit, le pratiquant applique tous ses mérites ainsi que toutes ses bonnes racines faites pendant les trois vies – du passé, du présent et de l'avenir, à soi-même et à tous les autres en les partageant équitablement. Le pratiquant, détruisant ses péchés, faisant de bonnes actions, renaîtra avec les êtres dans la Terre pure où il accomplira rapidement le vœu du bodhisattva Fugen, atteindra l'éveil et sauvera les êtres de façon éternelle. Le monde du Bouddha est rempli de ces mérites.

Pourquoi considérez-vous celui de faire le don, celui de le recevoir et tous les dons comme vacuité ?

Dans le *Dairon*, il est dit : « La vertu du bodhisattva inferieur qui s'attache aux choses disparaîtra facilement, comme si le feu qui brulait l'herbe s'était facilement éteint. Cependant les exercices bouddhiques pratiqués par le bodhisattva supérieur, qui a déjà réalisé que toutes les choses sont vacuité, ne disparaîtront pas, comme si le feu qui brûlait dans l'eau ne pouvait être éteint.

Quand le pratiquant ayant l'esprit d'attachement essaye d'appliquer ses bonnes actions aux autres, dans ce cas-là, n'y a-t-il pas l'intérêt ?

Même si le pratiquant a l'esprit d'attachement, il pourra obtenir un grand intérêt. Dans le *Dairon* (vol. 7), il est dit : « Le grand effet provient même d'une petite cause. Il arrive que la grande récompense vienne d'une petite cause. Par exemple, chanter l'hymne une seule fois ou réciter le nom du bouddha Amida une seule fois ou brûler de l'encens une seule fois conduira le pratiquant à devenir bouddha. À plus forte raison, le pratiquant, sachant la vérité que tous les dharmas sont non nés, non détruits, à la fois ni non nés ni non détruits et en réalisant des exercices bouddhiques, obtiendra un grand fruit de rétribution.

La signification de ces paroles du *Dairon* est profonde et précieuse comme un trésor sans limites. Ainsi, nous pouvons être sûrs que nous pouvons devenir des bouddhas.

Moi, Genshin, l'auteur de ce livre, je mets toute ma confiance dans le bodhisattva Nagarjuna (Ryuju), le fondateur indien de l'école *Jodo*.

Fin du volume IV.

LE *NEMBUTSU-ZÔSHI* DE SHÔSAN SUZUKI

Vie de Suzuki Shôsan

1579 : Naissance de Shôsan dans une famille de *bushi* de la province de Mikawa (Nagoya). On raconte que sa mère se trouva enceinte à la suite d'un rêve, au cours duquel elle vit le bodhisattva Fugen entrer dans son sein ; c'est dire la considération dont jouira Shôsan dans le bouddhisme japonais.

1582 : Mort de son cousin, du même âge que lui. Ce décès semble le frapper particulièrement.

1595 : Très impressionné par la lecture d'un ouvrage intitulé *Recueil de Hobutsu*, Shôsan s'engage dans la voie de la recherche de la vérité par le bouddhisme.

1600 : Conflit entre Tokugawa et Toyotomi. Shôsan, samurai, part à la guerre avec son père et son frère dans les rangs des alliés de Tokugawa. Victoire de la famille Tokugawa à la bataille de Sekigahara. Shôsan commence à entretenir des relations avec le moine zen Motsugai. Il fréquente d'autres personnages importants du bouddhisme.

1603 : Tokugawa Ieyasu devient shogun.

1607 : Naissance de l'unique fils de Shôsan.

1614 : Tokugawa Ieyasu décide de porter un coup décisif aux partisans de la famille de son prédécesseur, Toyotomi Hideyoshi, retranchée à Osaka. Shôsan participe de nouveau à cette guerre, toujours avec son père et son frère.

1615 : Tokugawa Ieyasu s'empare du château d'Osaka de la famille Toyotomi. Après le conflit, Shôsan va habiter à Edo (Tokyo).

1616 : Mort du général Tokugawa Ieyashu.

1619 : Shôsan travaille au château d'Osaka. Il y écrit le *Moanjo*. Après quoi, il repart à Edo.

1620 : Shôsan, après avoir demandé sa démission au gouvernement, se fait moine. Il avoue avoir hésité à sauter ce pas ; il faut savoir qu'à cette époque, un bushi qui présente sa démission au gouvernement central pour se faire moine ne peut guère échapper à la mort. On lui demandait de se faire seppuku et sa famille est soumise à des représailles. Shôsan est épargné grâce aux bons offices du seigneur Taitokuin, au service duquel il était placé jusqu'alors.

1622 : Shôsan étudie les textes bouddhiques au temple Horyuji aux côtés des moines Sesso et Genshun.

1623 : Shôsan quitte son temple et entreprend des pèlerinages à travers le Japon. Il tombe gravement malade mais guérit.

1632 : Shôsan fait édifier le temple Onshinzi sur le lieu de sa naissance. Il retourne ensuite à Edo où il écrit le *Ninin-Bikuni*, puis le *Nembutsuzôshi*.

1637 : Révolte des chrétiens de la région de Shimabara et d'Amakusa (ouest de Kyushu).

1639 : On dit que cette année-là, Shôsan atteignit l'état de bouddha.

1642 : Son frère devient administrateur de la province d'Amakusa. Shôsan s'y rend également et y séjourne trois ans. Il y écrit un violent discours contre le christianisme.

1655 : Mort de Shôsan.

Nembutsu-zôshi

Nul ne sait ce qui arrive dans les heures à suivre. Le matin on se porte bien mais le soir on ne sait si la vie sera encore présente. Pourquoi ne cherche-t-on pas le *satori* ou l'éveil ?

Il y avait un homme nommé Matataro Inoue dans un village Ota dans la région de Kanto. Cet homme avait une jolie fille dévouée. Depuis le décès de sa mère, elle suivait le chemin vers le *satori*, en récitant assidûment le *nembutsu* (la récitation du nom du bouddha Amida). Malheureusement, son père aussi mourut. Sa fille voulait faire des funérailles honorables à son père, mais il lui manquait l'argent nécessaire. Elle décida de faire un pèlerinage pour rencontrer un moine de grande vertu afin de consoler l'âme de ses parents. Elle n'avait pas encore vingt ans, elle dut couper ses beaux cheveux, changer ses beaux vêtements et porter un habit noir. Elle se nomma bonzesse Kenju. Elle partit dans différents pays pour faire des exercices bouddhiques.

Dans ce même village, Ota, il y avait un homme âgé d'une quarantaine d'années qui s'appelait Saemon. Quand il apprit que la bonzesse Kenju allait quitter le village pour se prêter à des exercices bouddhiques, il pensa : « Elle est encore trop jeune et trop faible pour entreprendre le voyage toute seule afin de consoler l'âme de ses parents. Quelle intention louable ! Quant à moi, j'ai perdu mon temps en ne cherchant pas la vie prochaine jusqu'à maintenant. Il est vraiment regrettable que j'aie passé ces années vainement. »

Ainsi donc, Saemon quitta son pays natal et entreprit de parcourir le monde. Il visita des temples de chaque pays où il rendait un culte aux statues de bouddha. Il alla de temple en temple pour demander conseil aux moines afin de trouver le salut de son âme. Il rencontra notamment un célèbre moine qui s'appelait Teian dans un temple. Celui-ci lui enseigna les préceptes du *nembutsu*. Ses sermons le rassurèrent. Saemon devint disciple du Bouddha, en se faisant couper les cheveux par Teian. Il commença à observer les préceptes. Son nom de moine devint alors Koa.

Quand il revint dans son pays natal, il ne négligea jamais de réciter le *nembutsu* 6 000 fois par jour. Il ne pensait plus qu'au bouddha Amida.

L'année suivante, le moine Koa, accompagné par les villageois, alla au pays d'Echizen. Koa rencontra la bonzesse Kenju, qui était arrivée à Echizen après un long pèlerinage.

Ce jour-là il pleuvait abondamment. La bonzesse profita de ses loisirs pour lui demander :

« Le sutra Inga prêche qu'en voyant les actes d'aujourd'hui, on peut savoir son passé et son avenir. Celui qui vit dans le bonheur actuellement aura une vie prochaine plus heureuse. Le bouddhisme nous enseigne de prier assidûment pour la prochaine vie, pas pour aujourd'hui. Cela veut dire quoi précisément ?

Le moine lui répondit :

– L'homme connaît son passé et son avenir en voyant le résultat de ses actes d'aujourd'hui. Par exemple, un homme de haut rang, né dans une famille riche et qui vit sans souci, a de la compassion pour autrui, et il veut atteindre l'éveil. On peut considérer cet homme comme celui ayant la racine du bien (*zenkon*) grâce à l'accumulation de bonnes actions dans son passé. Cet homme pense que la prochaine vie est la plus importante. Il mène donc cette vie en faisant les bonnes actions pour obtenir son bon avenir. Je pense que la vie prochaine de cet homme sera meilleure que la vie présente.

Voici un autre exemple : il y a un homme né dans une famille riche, mais il est avare, se plaint sans cesse et n'a pitié de personne. De plus, il ne pense pas à sa prochaine vie. Même si, dans une vie antérieure, il a fait de bonnes actions, par exemple, construire des tours et servir les moines, il ne veut pas penser le bon avenir, tout en pensant que cette vie présente est la plus importante. Même s'il est né dans une famille riche dans cette vie et même s'il est devenu un homme de haut rang, il s'attache à la richesse sans désirer atteindre l'éveil. Concernant cet homme, sa racine du bien due à ses bonnes actions accumulées dans sa vie antérieure perdra de sa force dans cette vie. Il tombera certainement en enfer dans sa prochaine vie. Ainsi, le bouddhisme enseigne que la vie prochaine est plus importante que celle d'aujourd'hui, parce que la vie présente est comme une bulle, donc il ne faut pas s'y attacher immodérément.

La bonzesse lui demanda :

– Un homme naît dans une famille pauvre et il connaît beaucoup de souffrances. J'imagine que cet homme n'accumulait pas les racines du bien et ne désirait pas obtenir le *satori* dans le passé. Pour cela il aurait eu une récompense dans cette vie. Sera-t-il aussi malheureux dans la vie prochaine ?

Le moine lui répondit :

– Il y a deux types d'exemples : celui qui a fait de mauvaises actions dans sa vie antérieure (avarice ou manque de pitié pour les autres) obtient en retour une pauvre vie dans cette vie. Ce pauvre, qui haït la vie présente, abandonne cette vie pour réciter avec recueillement le nom du Bouddha. Il peut enfin atteindre le *satori*.

Celui qui était riche et avare et qui ne désirait pas chercher le *satori* dans sa vie antérieure tombera certainement en enfer dans sa prochaine vie. Cependant il avait un peu de la racine du bien dans sa vie antérieure. Grâce à cette racine du bien, il devient un homme, mais il est né dans une famille pauvre. Il ne désire pas le *satori* et il est encore avare dans cette vie. Sa racine du bien accumulée depuis la vie antérieure disparaît complètement dans cette vie, donc il va naître en l'enfer dans la vie prochaine.

Que ce soit la bonne action ou la mauvaise action, on ne peut échapper à la loi de la causalité. L'homme ne doit pas avoir de mauvaise pensée, ne serait-ce qu'un instant. Si vous ne désirez pas chercher le *satori* et si vous êtes attirée par l'erreur, c'est à cause de votre mauvaise action dans votre vie antérieure. Dans ce cas-là, vous penserez ainsi : « Je n'ai pas l'intention de chercher le *satori*. Cela serait un signe que je tomberai en enfer après ma mort. » Vous devrez tout de suite réciter le *nembutsu*. Car d'atroces ogres de l'enfer viendront vous accueillir lors de votre dernière heure. À ce moment, même si vous désirez rester ici bas pour chercher l'éveil, ne serait-ce qu'un petit moment, les gardiens de l'enfer pourront-ils accepter votre désir ? Non. À ce moment, même si vous le regrettiez, cela ne servirait rien.

L'âme du mort erre seule sans être accompagnée de ses parents ou de son partenaire. Il traverse le fleuve tout seul de l'autre monde où attendent les ogres voulant le battre et de gros serpents voulant l'avaler. L'âme du mort veut fuir dans tous les sens. Malgré sa forme humaine dans cette vie, celui qui n'imagine pas cette atroce situation et n'en a pas peur, ne serait pas un homme, mais un animal. Je vous le répète : « Récitez le *nembutsu.* » Le Bouddha enseigne qu'il est très difficile de naître en tant qu'homme. Si vous menez cette vie vainement sans chercher l'éveil, dans quelle vie pourrez-vous échapper au cycle des naissances et des morts ?

La bonzesse lui dit alors :

– Votre sermon m'a fait une vive impression. Il est regrettable pour l'homme ayant reçu la vie humaine de perdre son temps et de rentrer au pays natal dans le cycle des naissances et des morts.

– On dit que, concernant la racine du bien, il y en a deux : *Uro* et *Muro.*

– Que sont *Uro* et *Muro* ?

– *Uro* est *bonno* (la mauvaise passion) et *Muro* est le *satori* ou l'éveil. Ainsi, par exemple, l'homme qui désire devenir un homme de vertu et qui a envie de devenir un seigneur ou un homme riche est *Uro*, ce type de racine du bien n'est pas la semence pour devenir bouddha. Quant à celui qui abandonne ce monde et ne cherche que le *satori*, en récitant toujours le *nembutsu*, il deviendra bouddha, même s'il n'avait qu'un peu de racine du bien. C'est le *Muro-zen.* Il faut donc penser seulement à atteindre l'état du bouddha, en abandonnant l'attachement aux choses ainsi qu'aux affaires de ce monde. Il faut réciter fidèlement et assidûment le *nembutsu.*

La bonzesse lui demanda :

– J'ai bien compris la signification du *Uro* et du *Muro.* Il y a beaucoup de moyens pour aller jusqu'à la Terre pure. Il y a ceux qui récitent et lisent des sutras, il y a ceux qui observent les préceptes, il y a ceux qui construisent des temples et la tour du bouddha. Il y a ceux qui font des études bouddhiques. Cependant l'école *Jôdo* ne nous enseigne que le *nembutsu.* Pourquoi ?

– Je pense que tous les exercices bouddhiques sont importants. Il y a dix écoles au Japon : l'école Hosso, l'école Ritsu, l'école Kusha, l'école Jojitsu, l'école Sanron, l'école Kegon, qui sont six écoles de la ville du Sud (Nara) et s'y ajoutent l'école Tendai et l'école Shingon qui forment ainsi un total de huit écoles ; après cela, s'y ajoutent l'école Busshin, qui est le Zen, et l'école Jôdo. Elles forment les dix écoles. L'école Nichiren a son origine dans l'école Tendai. Cependant les six écoles de la ville du Sud sont aujourd'hui tombées en désuétude et il n'en reste que la forme.

Il faut connaître le temps, c'est-à-dire les trois périodes après l'entrée du Bouddha dans le nirvana. Ce sont : le *shobo* ou la Loi Correcte, période durant laquelle la doctrine bouddhique, la pratique et le *satori* existent tous les trois ; le *zobo* (la Loi contrefaite), période durant laquelle la doctrine et la pratique existent encore mais où il n'y a plus de *satori* ; le *mappo* ou la Loi terminale, période durant laquelle la doctrine seule est encore vivante, mais où il n'y a plus ni vraie pratique ni *satori.* Dans les deux dernières périodes, la faculté qu'a un homme de recevoir l'enseignement du Bouddha *(kikon)* diminue et on ne peut plus enseigner le vrai enseignement du Bouddha.

Dès lors, le Jôdo nous enseigne le *nembutsu* qui nous conduira à la Terre pure. Ceux qui ne savent pas la vraie Loi bouddhique pensent que le *nembutsu* est un faible enseignement et que les autres enseignements sont plus puissants. Je pense que, depuis l'ancien temps, pour aller vers la Terre pure, le *nembutsu* a la même efficacité que le *zazen* et la contemplation du Bouddha. Celui qui récite le *nembutsu* pour renaître dans la Terre pure fait la même bonne action que le *zazen*. Il n'est pas douteux qu'il y ait le bouddha dans le cœur du pratiquant récitant le *nembutsu*.

La bonzesse lui demanda :

– Aujourd'hui, période du *mappo*, l'homme ne pourrait plus être sauvé à cause du manque d'enseignement bouddhique ?

– Après que 10 000 ans auront passé durant la période du *mappo*, le bodhisattva Miroku naîtra dans ce monde ici bas pour sauver les êtres.

– Je lui en serais bien reconnaissante. J'aimerais savoir la qualité réelle du *nembutsu* ?

– Le nom du bouddha Amida est celui de l'Inde. En Chine, on l'appelle le bouddha Muryôju, qui signifie le bouddha ayant la vie sans fin. Félicitations pour la vie infinie ! Lors du jour de la fête, vous réciterez d'abord le *nembutsu* : *Namuamidabutsu* ! Alors, vous pourrez jouir d'une longue vie et vous deviendrez bouddha dans la vie prochaine. Quel bonheur ! Il y a plein de mérite dans la récitation du nom du bouddha Amida… Le bienfait de la récitation du nom du Bouddha Amida, ne serait-ce qu'une fois, a le même bienfait que de lire tous les sutras. Le pratiquant doit toujours réciter le *nembutsu*, même s'il subit n'importe quelle mésaventure, il n'éprouvera alors aucun de dommage.

Il est prêché encore :

« Que l'homme le plus mauvais qui ne dispose d'aucun moyen adroit pour être sauvé récite seulement le *nembutsu* ! Il pourra renaître dans la Terre pure. » Ces paroles sont celles du vœu du bouddha Amida. À plus forte raison, pour le pratiquant du *nembutsu* qui est bon et charitable, lors de son dernier moment, les trois bouddhas viendront l'accueillir, en enlevant l'obscurité de l'ignorance et en l'éclairant dans les dix directions de l'univers. Des bouddhas du passé, du présent et de l'avenir viendront joyeusement vous accueillir lors de votre dernier moment. Vous arriverez au bord de l'étang des huit qualités de la Terre pure où attendent des bodhisattvas et les saintes. En portant des drapeaux, ils jouent de la musique et de beaux oiseaux chantent les vertus de la Loi bouddhique. Des oiseaux de la Terre pure, tels que *hoo* et *karyobinga,* dont les plumes touchent les fleurs de cinq couleurs, planent dans le vide. À les voir, vous pleurerez de joie et les admirerez profondément. Vous arriverez à l'autre rivage couvert de sables d'or et d'argent. Vous marcherez sur les sables d'or et d'argent et vous monterez sur le nuage violet avec des bodhisattvas et des saints. Ainsi, vous pourrez voler librement dans le vide.

Un des 48 vœux du bouddha Amida indique : « Dans la Terre pure, il n'y a pas de douleurs. Chacun y obtient ce qu'il désire, que ce soit le vêtement, la nourriture ou toute autre merveille. Vous pourrez y revoir vos parents ou vos connaissances. Ne désireriez-vous pas un tel merveilleux monde ? Ou préférez-vous rester dans ce monde plein de douleurs ?

Le Bouddha Sakyamuni prêche : « Dans ce monde, il n'y a pas de place pour l'homme pour se reposer » et il prêche que ce monde est comme une maison qui brûle.

La bonzesse lui demanda :

– On dit que les dieux apparaissent au Japon pour donner de l'intérêt mondain aux puissants. Il me semble qu'il n'est pas bien que les dieux donnent autant d'intérêts mondains aux hommes.

Il lui répondit :

– Les dieux apparaissent toujours au Japon. Parce que, comme les Japonais sont sots, ils ne désirent pas aller vers la Terre pure. Pour cela, les dieux leur donnent de l'intérêt mondain pour adoucir leur cœur, puis les dieux leur font croire en des dieux pour qu'ils suivent le chemin vers le *satori*. C'est un moyen pour les conduire à la voie bouddhique. Ceux qui ne peuvent pas croire dans les dieux ne peuvent pas suivre le chemin bouddhique. Donc, que ce soient les dieux ou les bouddhas, les origines sont les mêmes, comme si l'eau et les vagues étaient les mêmes choses. Par exemple, l'origine du dieu Amaterasu et celle du dieu Kumano-gongen sont le bouddha Amida. Peu nombreux sont les dieux qui ne sont pas à l'origine du bouddha Amida. On admire le dieu Getsurin comme le bodhisattva Seishi, le dieu Nichirin comme le bodhisattva Kannon, et le dieu Hachiman comme le bouddha Amida.

Il y avait autrefois un moine du *nembutsu* qui s'appelait Kuya Shônin. Il allait prier au temple shintoïste et y récitait toute la nuit le nom du bouddha Amida. La voix sublime du dieu Hachiman vint de l'intérieur du temple :

« Je suis heureux d'être récité par mon ancien nom,
Namuamidabutsu,
Alors que mon nom est maintenant le dieu Hachiman. »

Puis le moine compléta :

– On dit que le bouddha principal du temple Seiganji a été créé par le dieu Kasuga Myojin, autrement dit on peut prier le nom du bouddha Amida ou du dieu Kasuga Myojin. Ceux qui récitent le nom du bouddha Amida seront protégés par n'importe quel dieu. Ainsi, entre le cœur des dieux et celui du Bouddha, il n'y a aucune différence. Il faut donc réciter assidûment le *nembutsu*.

La bonzesse lui demanda :

– On dit que les dieux connaissent trois souffrances. Pourquoi les dieux vénérables souffrent-ils ?

– Parce que l'homme est sot. L'homme prie pour satisfaire ses désirs, pour accomplir sa revanche ou avec colère, voire avec l'illusion (*mayoi*). Tous ne connaissent pas la raison de la causalité, donc ils font diverses prières. Ces diverses prières font souffrir les dieux. Tous les sutras disent que cette vie est un rêve, il faut donc arrêter tous les désirs et entrer dans le chemin qui mène au *satori*.

Pourquoi les dieux accorderaient-ils de l'intérêt à ceux qui les prient en demandant d'obtenir quelque chose ? Au contraire, les dieux leur infligeront une peine. Pourquoi les dieux accorderaient-ils de l'intérêt à ceux qui s'attachent à ce monde et désirent beaucoup. Si l'homme agit contrairement à la volonté des dieux, il sera puni par les dieux.

Celui qui ne peut vivre comme il voudrait doit penser qu'il n'a pas fait de bonnes actions dans sa vie antérieure. Si cet homme abandonne toutes les choses de ce monde en désirant acquérir une vie meilleure dans le monde prochain, il en sera récompensé. Tout comme les paysans qui cultivent bien au printemps récoltent bien en septembre. La vie pauvre d'aujourd'hui est le résultat de la vie avare dans la vie antérieure. La forme laide dans cette vie est le résultat de la vie antérieure pleine de colère. La vie éphémère dans cette vie est le résultat de la vie aimant tuer dans la vie antérieure. Être tué par un homme est le résultat d'avoir tué un homme dans la vie antérieure.

Le Bouddha dit : « Celui qui a tué quelqu'un dans cette vie sera destiné à être tué dans les années futures. Je peux tout faire sauf trois choses :

1. Je ne peux corriger les mauvaises actions faites dans les vies antérieures.

2. Je ne peux sauver les êtres qui n'ont aucune relation avec moi, le Bouddha.

3. Je ne peux améliorer toutes les choses dans le monde des êtres. »

Même le Bouddha ne peut pas corriger les mauvaises actions que l'homme a faites dans sa vie passée, à plus forte raison, le profane ayant le cœur rempli d'erreurs ne pourra pas être exaucé de son souhait...

Le moine continua de faire le sermon à la bonzesse :

« Il était une fois un pauvre homme qui ne s'inquiétait de rien, en disant toujours que la bonne chose ou la mauvaise chose dépendent de la loi de la causalité. Un jour, le 31 décembre, il était sorti. Il rentra à la maison le soir. Sa femme lui dit : « Aujourd'hui, c'est la fin de l'année, demain, ce sera le premier jour de la nouvelle année. Nous n'avons plus de nourriture, mais vous m'avez toujours dit que tout dépendait de la loi de la causalité. Comment alors faites-vous pour manger ? »

L'homme lui répondit : « Si nous n'avons pas de quoi manger, nous ne mangerons rien. C'est tout. »

La femme, pensant qu'il était inutile de lui répondre, sortit de la maison pour visiter une de ses connaissances. Elle lui confessa la difficile situation à laquelle elle était confrontée. Sa connaissance lui dit : « Cela ne me dérange pas. Je vous donnerai de quoi manger pour passer les premiers jours du Nouvel An. » La femme fut bien contente de pouvoir passer les trois premiers jours du nouvel an grâce à ce don.

Cette nuit-là, un vieux moine arriva chez le couple et leur demanda : « Pouvez-vous me loger chez vous ce soir ? Je suis moine mendiant. Personne ne veut me loger pour la nuit. »

La femme lui répondit : « Comme nous sommes pauvres, nous n'avons rien à vous donner. »

Son mari intervint et lui dit : « Votre arrivée chez moi est due à la loi de la causalité. Concernant la nourriture, nous partagerons ce que nous avons. Cela ne nous dérange pas. Vous vous reposerez dans notre maison. »

Le moine tomba malheureusement malade chez le couple. Ce dernier lui donna divers médicaments, mais en vain, il mourut.

Le mari se dit : « Comme maintenant est la dernière nuit de cette année, nous n'avons personne qui peut nous aider. Je ne peux pas porter seul ce cadavre sur mon dos. Il vaut mieux brûler le corps dans la maison. »

Il le mit sur la claie faite de bambous en le couvrant de nattes et il brûla le cadavre avec des bûches.

Au point du jour, sa femme lui dit : « C'est terrible ! Tu as brûlé le cadavre dans notre maison ! Qu'as-tu l'intention de faire à présent ? »

Son mari lui répondit : « Fie-toi à moi ! Je vais cuire le riz avec le feu qui a brûlé le cadavre. »

Il mit le feu aux os. Quelle étrange chose ! Il ne trouva pas les os mais beaucoup d'argent dans les cendres. Il devint alors très riche. Il continua de dire jusqu'à la fin de sa vie : « Tout est causé par la causalité. »

Ce moine expliqua cette histoire à la bonzesse : « Cet homme était désintéressé et pur, donc il a eu de l'argent pour nourrir sa famille. Si vous croyez bien en cette histoire, vous aussi, vous deviendrez pure et vous réciterez le *nembutsu*. Il ne faut pas en douter. Cependant pour celui qui a fait de mauvaises actions dans la vie antérieure, ces mauvaises actions qui sont devenues le mauvais esprit d'aujourd'hui, le tourmentent beaucoup dans cette vie. Il ne peut pas échapper à ces douleurs de jour comme de nuit. Celui qui souffre sans cesse de l'ogre du cœur ne veut pas comprendre cette raison. Il y a une maxime : « Il faut savoir que votre cœur est votre premier ennemi. »

La jeune bonzesse lui demanda : « Enseignez-moi, comment exterminer l'ogre du cœur ? »

Il lui répondit : « Il faut fortifier le cœur pour exterminer l'ennemie, sinon c'est impossible. Vous aurez la volonté inébranlable et vous réciterez le *nembutsu*. Il n'y a que le bouddha Amida qui puisse exterminer l'ennemie du cœur. La force du bouddha Amida peut anéantir toutes les mauvaises passions (*bonno*). Attention ! Si vous avez le cœur faible, 84 000 sortes de passions (*bonno*) traverseront les trous des poils et entreront dans votre corps jusqu'à devenir maîtresses de votre cœur. À ce moment, le bouddha qui est dans le fond de notre cœur est attaqué par ces mauvaises passions. Malgré le fait que vous désiriez devenir bouddha, ce sera impossible. Votre cœur sera plein de regret et de flatterie. À la fin, votre passion vous conduira devant le roi de l'enfer. Si vous aviez une bonne racine, vous auriez pu répondre aux questions des ogres de l'enfer, mais en vain. Il est trop tard pour se repentir de votre mauvaise action ! Les gardiens de l'enfer vous reprochent le jour et la nuit, en mettant le feu à votre corps !

La bonzesse lui demanda : « Même si je voulais réciter le *nembutsu*, ma passion causée par la rencontre des hommes m'empêche de le réciter. Comment apaiser ma passion ?

– Quand les mauvaises passions arriveront, vous regarderez votre corps et vous penserez ainsi : « La vie humaine est comme la bulle ou la rosée du matin. Quel plaisir de compter sur elle ? Même si je pouvais vivre jusqu'à cent ans, ce serait comme un rêve qui dure une nuit. Le pin qui a une vie de mille ans pourrira à la fin. Le couple qui voulait entrer dans le même tombeau, lorsqu'il rendra son dernier souffle, deviendra la veine fumée du crématoire. Les amis avec qui vous échangiez autrefois des paroles amicales, aujourd'hui vous avez moins de relations avec eux. Comme les parents, les enfants, les frères et les sœurs, qui parfois s'éloignent. Que ce soient des intimes ou de simples connaissances, le nombre des morts est nombreux. Jusqu'à quand vous en plaindrez-vous ? Si vous réfléchissez bien, pourquoi ne voulez-vous pas chercher l'éveil ? N'oubliez pas cela.

Toutes les choses de ce monde sont un enseignement du Bouddha. Par exemple, les chants des oiseaux annoncent aux hommes la vanité du monde. Aujourd'hui est déjà passé et l'avenir viendra bientôt. Cette année est déjà passée et le dernier jour s'approche. Le corps humain ne tient qu'à un fil. La vie est comme la rosée du matin… Lorsque le soleil se lève, elle tombe facilement. Ainsi, toutes les choses de ce monde nous enseignent la Loi du Bouddha. Le son du typhon faisant rage sur le sommet est aussi la voix de la Loi du Bouddha ; le son de la cloche à la tombée de la nuit indique que toutes les choses de ce monde sont incertaines ; le vent qui fait tomber les fleurs et les feuilles enseigne que toutes les choses de ce monde sont impermanentes. Les sourcils minces que les jeunes femmes se dessinent, les lèvres sur lesquelles elles se mettent du rouge et les accessoires faits de jade (*hisui*) qu'elles placent sur leurs cheveux noirs, leur beau visage deviendra bientôt laid, elles deviendront vieilles : les oreilles dures, le regard troublé, les cheveux blanchis, le visage couvert de rides, les reins courbés, elles marcheront en prenant appui sur une canne. Malgré leurs forces diminuées, les hommes continuent de vivre dans un état de rêve ! Quels misérables ! La vie est comme une barque qui ne s'amarre pas définitivement au bord de la rivière. Peut-on compter sur demain ? Ou sur ce soir ? En pensant au passé, on se rend compte que tout cela n'est qu'un rêve, n'est-ce pas ? Vous ne vous attacherez pas au monde comme à un rêve ! Une fois que vous envisagez la vie sans illusion, vous savez que tout dans la vie n'est qu'un rêve. C'est le *Na Mu A Mi Da Butsu* (le nom du bouddha Amida) qui vous dégrise !

La bonzesse lui demanda :

– J'ai bien compris que tout n'était qu'un rêve. Cependant, on dit que le saint ne rêve pas, pourquoi ?

Le moine lui répondit :

– Cela signifie que le saint envisage la vie sans illusion. Pour devenir un homme sans illusion, le Bouddha enseigne qu'il faut réciter le *nembutsu* jour et nuit, tout le temps. Celui qui ne s'éveille pas de son rêve est nommé l'être qui est dans l'illusion ; au contraire, celui qui s'éveille est nommé le bouddha ou le saint. En croyant à cette théorie, vous continuerez de réciter le *nembutsu* assidûment, vous pourrez un jour vous réveiller du rêve. En oubliant le plaisir et la colère, vous ne pensez qu'au bouddha Amida, vous saurez alors que le cœur n'a pas de rêve. Le chant du dieu Tenjin dit :

« Devant le son du vent qui chante *Namuamidabutsu*,
Le cœur n'a aucune poussière à enlever.
Daignez, bouddha Amida, me sauver !
Sauf cette prière, toutes les pensées ne sont que l'illusion. »

Il faut bien réciter le *nembutsu* en comprenant le sens de ces chants.

La bonzesse lui demanda :

– Comme vous dites : « À part la récitation du *nembutsu*, toutes les pensées ne sont qu'erreurs. » Cela signifie que le vrai croyant du *nembutsu* devrait ne rien dire ?

Le moine lui répondit :

– Votre doute provient de la faible croyance au *nembutsu*. On dit : « Comment vivre avec la souffrance du monde ? ». Si l'on récite dans son cœur : *Namuamidabutsu*, *Namuamidabutsu*, c'est seulement le nom du Bouddha qui sort de la bouche de cet homme. Toutes les actions faites par celui qui ne pense que le *nembutsu* deviendront la racine du bien. N'en doutez pas !

La bonzesse lui demanda :

– Le bouddhisme dit qu'il y a huit souffrances. Comment peut-on échapper à ces souffrances ?

Il lui répondit :

– Les huit souffrances sont : la naissance, la vieillesse, la maladie, la mort, ne pas pouvoir obtenir ce qu'on veut, rencontrer un être détesté, être séparé d'un être aimé et ne pas pouvoir satisfaire des désirs. Ces souffrances sont nommées les huit souffrances. Cependant, pour le pratiquant du *nembutsu* réfléchissant au fait que ce corps n'est que rêve et illusion, les quatre souffrances telles que la naissance, la vieillesse, la maladie et la mort deviennent légères. Comme il ne s'attache pas aux choses de ce monde, il ne désire rien dans ce monde. Si l'on connaît la vérité telle qu'on doit certainement être séparé de ceux qu'on a rencontrés, la tristesse d'être séparé d'un être aimé deviendra légère et il n'y aura personne à haïr. Si l'on peut attendre l'arrivée des saints et des dieux, lors de son dernier moment, il n'y a rien d'effrayant dans la vie. Quel bonheur ! On peut facilement échapper à ces huit souffrances grâce aux qualités du bouddha Amida. Ne le négligez pas et récitez seulement le *nembutsu* ! Malgré toutes les mauvaises pensées qui surgissent dans votre cœur où le bouddha Amida se trouve, ces pensées négatives ne peuvent pas y rester longtemps, elles y sont venues en visiteurs. Le vénérable bouddha Amida qui a formulé les 48 vœux et accumulé de nombreux mérites durant une période incalculable (5 *ko*) donne de l'intérêt aux hommes. Dans la période de la Loi terminale, où la faculté de recevoir l'enseignement du Bouddha et d'y répondre est devenue faible, les hommes suivent facilement un mauvais chemin vers l'enfer. Éprouvant de la tristesse envers les hommes faibles, le bouddha Amida nous laisse ouvrir la porte du *nembutsu*. Quelle merveilleuse chose ! En écoutant cette vérité, ceux qui n'y croient pas ne peuvent être des hommes, mais des animaux.

La bonzesse lui demanda :

– La récitation du nom du bouddha Amida permet de détruire n'importe quelle faute. Dès lors, elle conduit à augmenter le nombre de personnes qui n'ont pas peur de faire de mauvaises actions, ce qui est mauvais, non ?

– Concernant celui qui a déjà accompli de mauvaises actions, s'il s'en est confessé et s'il récite le *nembutsu* avec sincérité, la force de la récitation du *nembutsu* pourra anéantir n'importe quelle faute grave. Par contre, pour celui qui comptait sur le nom du bouddha Amida pour faire de nouveau de mauvaises actions, le bouddha Amida lui infligera une peine et il tombera en enfer. Donc, il faut craindre cette punition.

La bonzesse lui demanda :

– Le nom du bouddha Amida est-il utilisé seulement aujourd'hui, durant la période de la Loi terminale, ou était-il récité dans les temps anciens ?

– Aujourd'hui et dans les temps anciens, la récitation du *nembutsu* pour renaître dans la Terre pure est utilisée tout temps. À l'époque, il y a eu beaucoup de pratiquants du *nembutsu* morts en le récitant. Parce que les enseignements autres que le *nembutsu* n'avaient pas de grand mérite (*kudoku*), donc ils ont fini par tomber en désuétude. Pour sauver les êtres, il ne reste qu'un enseignement du *nembutsu* pour la période de la Loi terminale. Ainsi, je recommande à celui n'ayant pas la sincérité dans le cœur de réciter le *nembutsu*, même si ce ne sont que des paroles et que cela ne vient pas du fond du cœur. Par exemple, en dormant, on se tiendra face l'ouest et on dira : « *Namuamidabutsu* ! Daigne, le bouddha Amida, me sauver ! » Si on le dit, les mauvaises pensées du jour disparaîtront. Au matin, on récitera d'abord le *nembutsu* ! Si on fait le *nembutsu* le matin, on échappera à la mésaventure du jour. Et les actions d'aujourd'hui deviendront des semences de bouddha.

La bonzesse lui demanda :

– Concernant la naissance dans la Terre pure, elle agit après la mort ou pendant la vie quotidienne ?

– Si vous pensez toujours à votre dernière heure dans la vie quotidienne, vous pourrez garder cette pensée habituelle lors de votre mort. Pour réussir, dans la vie quotidienne, vous penserez toujours à la naissance dans la Terre pure en récitant le *nembutsu*. Vous pouvez le garder à l'esprit jusqu'à votre dernière heure ; cette attitude est nommée *heizei ojo* (accueillir sa mort avec l'esprit normal). Il y a des chants tels que :

« On pense habituellement :
Comme hier est passé,
Demain arrivera. »
Quelle pensée bizarre ! »

« Les fleurs de cerisier !
Sur quoi compte-t-on jusqu'à demain ?
Y aura-t-il une tempête qui fera rage ce soir ? »

« Dans ce monde où toutes les choses sont fausses,
Il est sûr que la mort arrive. »

Le moine continua son sermon à la bonzesse :

– Un pratiquant du *nembutsu* nommé Shinkai pensait que les choses de la vie étaient fugaces. Il s'accroupissait toujours sans s'asseoir pour garder l'espoir de la renaissance dans la Terre pure.

La bonzesse demanda à un moine :

– Celui qui pense toujours à sa mort éprouve peu de plaisir à vivre, cela est aussi de la souffrance, n'est-ce pas ?

Le bonze lui répondit :

– L'homme a tendance à faire des amalgames sur les choses de la vie, par exemple, à prendre pour éternel ce qui est éphémère ; à prendre pour le plaisir la vie qui est remplie de douleurs ; à prendre pour libre ce corps plein d'incommodités ; à prendre pour pur ce qui est sale. Ces quatre tendances cachent la vérité. Nous nous attachons trop à ce monde pour connaître le chemin qui conduit à la Terre pure. Le Bouddha regarde comme souffrance ce que l'homme considère comme plaisir…

Le genre humain, qui considère la vie remplie de souffrances comme un plaisir, éprouve les hauts et les bas de la vie, ce qui est à l'origine du fait qu'il tombe en enfer. Le Bouddha, en ayant pitié, en lui donnant son nom : *Namuamidabutsu,* a déjà prêté serment pour sauver les êtres. Il ne faut pas mépriser ce vénérable serment. Même s'il y a quelque plaisir dans ce monde, ce plaisir ne dure pas longtemps, il est vain comme un rêve.

La bonzesse lui demanda encore :

– L'homme, disant toujours que ce monde est éphémère, l'abandonne. Cet homme, qui n'aime pas ce monde, n'est-il pas mal dans ce monde ?

Il lui donna en réponse :

– « Abandonner ce monde et désirer la Terre pure », cet enseignement est utile pour améliorer le monde. Cet enseignement désire que le monde devienne la Terre pure. Celui qui pense que ce monde est très important veut abandonner ce monde. Il faut comprendre cette raison. Le sot pense que ce monde est très important, mais son véritable but est de devenir riche pour s'amuser dans la vie. Son désir cause la colère. Il se ruine à cause de son avidité. L'avare gonflé d'orgueil n'a pas le temps de se satisfaire. Il n'y a pas d'homme qui ne manque de rien. L'homme dit des flatteries aux autres, de plus en plus, il se méprise lui-même et les autres aussi le méprisent. Il s'attache trop à lui-même, l'arrivée de la mort le fait souffrir.

La guerre entre les pays est causée par l'ambition des rois et des puissants. Ils perdent leur peuple et ils y perdent aussi leur pays. Les exemples sont nombreux. Tout cela est causé par l'erreur de considérer la vie de ce monde comme la chose la plus importante.

Au contraire, celui qui oublie les choses de ce monde et désire aller en Terre pure mène la vie modérément et n'est pas orgueilleux.

Les hautes situations telles que le seigneur ou le riche ne vivent que dans le rêve ; la pauvreté, aussi, n'est qu'un rêve. L'homme qui est sans ambition, qui ne flatte pas les hommes de haut rang et qui pense toujours la mort, est bien celui qui abandonne le monde. Pour s'ouvrir à la connaissance de cette théorie, vous devrez réciter le *nembutsu* avec assiduité.

L'enseignement du Bouddha et celui des dieux sont les mêmes. Il y a un chant du dieu Kasuga Daimyojin qui dit :

« Ne pensez pas que demain arrive,
Récitez seulement *Na-mu-Amida-butsu* ! »

Le chant du moine Ippen :
« Si je récite le *nembutsu*,
Je deviendrais un être parmi les saints de la Terre pure.
Quel bonheur ! »

Ne doutez pas de ces paroles. Le cœur de l'homme fait souvent un pas en enfer et ne sait pas toujours combien il peut être orgueilleux. Vous ne ferez pas donc de mauvaise action, même par plaisanterie.

Un chant dit :
« Incité au mal, il est possible pour l'homme d'entrer sur le mauvais chemin.
Prenez garde à votre cœur ! Combien de fois l'homme prend des décisions,
Peu fiables, souvent changeantes. C'est sur le cœur de l'homme que l'homme ne peut pas compter. »

La fausse sécurité contre votre cœur est le pire ennemi ! On est ignorant du bien et on est attiré par le mal. Donc, les anciens sages disaient : « Vous devrez être le maître de votre cœur, mais vous n'obéirez toujours pas à celui-ci. Le maître du cœur, c'est seulement le nom du Bouddha : *Namuamidabutsu*.

La bonzesse demanda :

– J'ai souvent écouté ce que les gens disaient de leur vie dans ce monde : je n'ai jamais fait de mal dans ma vie, ni pensé du malheur des autres, c'est-à-dire que je n'ai pas commis de péchés. Donc je n'irai pas en enfer après ma mort. Vous, qu'en pensez-vous ?

– L'homme commet dix fautes majeures entre son corps matériel, ses mots et son esprit. Il s'agit du meurtre, du vol, de l'adultère, du mensonge, du fait de dire des absurdités, de la médisance, de l'hypocrisie, du désir, de la colère et de l'irrationalité. En réalité, toutes les pensées de l'homme ne sont que des mauvaises passions (*bonnos*). Comment échappe-t-on aux 84 000 *bonnos*. Malgré les dix fautes, l'homme prétend qu'il n'a pas fauté, car il ne sait pas le vrai *satori*.

Un chant dit : « L'homme disait : « Je ne commets pas de faute, car je ne tue personne ni ne vole rien ! »

Bien des personnes font cette erreur. Mais vous, sachant que vous faites cette erreur, vous réciterez seulement le *nembutsu*.

La bonzesse demanda :

– On dit que le Bouddha et les bodhisattvas ont pitié des êtres. Cependant il y a des années où la sècheresse tarit les champs et les montagnes. Il y a des années où la pluie diluvienne change les champs et la montagne en mer. Ainsi, ce bas monde ne marche pas comme on veut, est-ce pour cela que le Bouddha et les bodhisattvas ne répondent pas à l'intérêt des hommes ?

– Si ce bas monde ne marche pas comme on veut, c'est parce que, s'il fonctionnait comme le veulent les hommes, alors les puissants de ce monde s'attacheraient à trop de choses qu'ils s'accapareraient au détriment des faibles. Dans une chanson du moine Hônen, il est dit :

« On subit une série de difficultés dans ce bas monde.
Quelle joie !
C'est une chance qu'on répugne ce corps qui vit dans ce monde. »

Le cœur du Bouddha et celui des bodhisattvas sont différents de celui du profane. Il ne faut pas laisser notre esprit dans la maison brûlante du triple monde. C'est le bouddha Amida qui nous montre la flamme de la maison brûlante.

La bonzesse demanda :

– Dans ce monde, nous voyons ceux qui choisissent le jour qui porte bonheur aux hommes ou ceux qui écartent le jour qui leur porte malheur. Qu'en pensez-vous ?

– Il est raisonnable de choisir le jour qui porte bonheur et qu'on écarte le jour qui porte le malheur. Cependant, ce qui doit vraiment être écarté est l'erreur du cœur. Les gens du monde des affaires disent : « Quand on entreprend quelque chose le mauvais jour, il arrive qu'on échoue. »

Cependant, quand on entreprend quelque chose le bon jour, le résultat doit être le même que le mauvais jour. Parce que les choses de la vie sont fugaces dans ce monde. Toutes les choses ne sont pas éternelles. Le bon augure et le mauvais augure dépendent du cœur de l'homme, mais cela ne dépend pas du jour. Si l'homme récite le *nembutsu* avec recueillement, il n'y a plus d'obstacle pour cet homme.

La bonzesse lui demanda :

– Le pratiquant du *nembutsu* essaye d'appliquer le mérite dû à ses bonnes actions, c'est-à-dire le mérite du *nembutsu* en vue du salut de tous les hommes, dans ce cas, ce mérite diminuera pour ses proches, n'est-ce pas ?

– Le pratiquant du *nembutsu* devra appliquer ses bonnes actions à toutes les âmes du triple monde. Par exemple, quand on a prêché le bon enseignement au peuple, beaucoup d'hommes, écoutant cette Loi du Bouddha, pourront réaliser l'éveil, mais quand on le prêche à un seul homme, un seul homme l'écoute. Le pratiquant doit élargir l'esprit afin d'appliquer ses bonnes actions aux âmes du triple monde. Dès lors, ce mérite deviendra grand, sans fin. Il s'agit de la charité donnée à certaines personnes ou celle offerte à n'importe quelle personne *(muen no jihi)*.

Le Bouddha n'aime pas la charité que le pratiquant du *nembutsu* a donnée à certaines personnes proches et intimes. Cette charité, qui s'appelle en japonais : *uen no jihi*, apporte peu de mérite. Au contraire, la charité que le pratiquant du *nembutsu* a donnée à n'importe quelle personne, cette charité, qui s'appelle *muen no jihi*, apporte beaucoup de mérites. Cela ressemble à un soleil qui monte au firmament et éclaire tout l'univers. Le soleil n'a pas conscience d'éclairer l'Univers, alors que tous les êtres bénéficient de la lumière du soleil. Les êtres n'ont pas non plus conscience de la charité du soleil. La lumière du soleil donne un bénéfice à n'importe quelle personne, c'est la charité pour tout le monde *(muen no jihi)*. Il faut savoir que la charité que le pratiquant du *nembutsu* donne à n'importe quelle personne est plus grande que celle qu'il donne aux personnes proches et intimes.

Pour cela, quand on donne quelque chose à l'autre, ceux qui donnent quelque chose et ceux qui la reçoivent, les deux ont le cœur propre, donc, quand on fait une bonne action, même minime, on élargira son cœur pour la donner à tous les êtres. Le petit mérite deviendra alors un grand mérite. Le Bouddha Sakyamuni, a dit : « Une lumière allumée par un pauvre a plus de mérite que celle donnée par un riche. »

La bonzesse demanda :

– Le pratiquant du *nembutsu* qui cherche le *satori* rencontre les mêmes soucis que les hommes du monde, comme le manque de nourriture, de vêtements ou d'un toit ? Dans ce cas, il doit y avoir des pratiquants du *nembutsu* qui désirent avoir les mêmes soucis que les hommes ordinaires. Qu'en pensez-vous ?

– Vous ne connaissez pas le cœur de ceux qui cherchent le *satori*. Quand ils manquent de nourriture, ils s'inquiètent de la souffrance des esprits affamés ou des pauvres, quand ils mettent peu de vêtements les soirs de froid, ils s'inquiètent de la souffrance du froid des damnés dans l'enfer de la froidure. Lors d'un jour très chaud d'été, ils s'inquiètent des damnés qui résident dans l'enfer chaud. Ou quand ils mangent un repas, ils pensent à la souffrance des paysans qui cultivent. Quand ils revêtent un vêtement fait de chanvre, ils pensent à celle des gens qui font la filature. Au contraire, les personnes qui ne savent pas compatir n'ont pas de souci. Le désir des personnes récitant le *nembutsu* est tout à fait diffèrent de l'avidité des gens du monde, car ils se contentent de modestes choses, par exemple le *fusuma* de papier, le pauvre vêtement de chanvre ou un bol de riz. Ce qu'ils cherchent est facilement trouvé et ils s'en satisfont, bien que souvent par obligation, pourtant, ces personnes soient heureuses.

La bonzesse lui demanda :

– S'il n'y a ni bouddha ni soi-même, comment pourra-t-on devenir bouddha ?

– Nous ne pouvons pas voir nos yeux. Pensez bien cela. Quand nous devenons bouddha, nous ne pourrons pas voir bouddha.

On enseigne que dans notre cœur, il y a la Terre pure ou que le bouddha Amida se trouve dans notre cœur. Il le fait savoir. Si vous voulez savoir si le bouddha Amida est dans votre cœur, vous abandonnerez tout et vous réciterez seulement le *nembutsu*. Il est hors de doute que le bouddha Amida qui se trouve au fond de votre cœur apparaisse. Quand vos mauvaises passions surgissent dans votre cœur, vous penserez qu'il s'agit de votre dernière respiration et vous réciterez le *nembutsu* assidûment. Quand vous oublierez la mort, qui vous arrivera certainement, les diables apparaîtront dans votre cœur pour vous empêcher d'aller vers la Terre pure. Vous réciterez le *nembutsu* fidèlement. *Namuamidabutsu*, *Namuamidabutsu*.

TABLE

Structures éditoriales du groupe L'Harmattan

L'Harmattan Italie
Via degli Artisti, 15
10124 Torino
harmattan.italia@gmail.com

L'Harmattan Hongrie
Kossuth l. u. 14-16.
1053 Budapest
harmattan@harmattan.hu

L'Harmattan Sénégal
10 VDN en face Mermoz
BP 45034 Dakar-Fann
senharmattan@gmail.com

L'Harmattan Cameroun
TSINGA/FECAFOOT
BP 11486 Yaoundé
inkoukam@gmail.com

L'Harmattan Burkina Faso
Achille Somé – tengnule@hotmail.fr

L'Harmattan Guinée
Almamya, rue KA 028 OKB Agency
BP 3470 Conakry
harmattanguinee@yahoo.fr

L'Harmattan RDC
185, avenue Nyangwe
Commune de Lingwala – Kinshasa
matangilamusadila@yahoo.fr

L'Harmattan Congo
67, boulevard Denis-Sassou-N'Guesso
BP 2874 Brazzaville
harmattan.congo@yahoo.fr

L'Harmattan Mali
Sirakoro-Meguetana V31
Bamako
syllaka@yahoo.fr

L'Harmattan Togo
Djidjole – Lomé
Maison Amela
face EPP BATOME
ddamela@aol.com

L'Harmattan Côte d'Ivoire
Résidence Karl – Cité des Arts
Abidjan-Cocody
03 BP 1588 Abidjan
espace_harmattan.ci@hotmail.fr

L'Harmattan Algérie
22, rue Moulay-Mohamed
31000 Oran
info2@harmattan-algerie.com

L'Harmattan Maroc
5, rue Ferrane-Kouicha, Talaâ-Elkbira
Chrableyine, Fès-Médine
30000 Fès
harmattan.maroc@gmail.com

Nos librairies en France

Librairie internationale
16, rue des Écoles – 75005 Paris
librairie.internationale@harmattan.fr
01 40 46 79 11
www.librairieharmattan.com

Lib. sciences humaines & histoire
21, rue des Écoles – 75005 Paris
librairie.sh@harmattan.fr
01 46 34 13 71
www.librairieharmattansh.com

Librairie l'Espace Harmattan
21 bis, rue des Écoles – 75005 Paris
librairie.espace@harmattan.fr
01 43 29 49 42

Lib. Méditerranée & Moyen-Orient
7, rue des Carmes – 75005 Paris
librairie.mediterranee@harmattan.fr
01 43 29 71 15

Librairie Le Lucernaire
53, rue Notre-Dame-des-Champs – 75006 Paris
librairie@lucernaire.fr
01 42 22 67 13